LES FRÈRES BOCQUET
ALAIN & ÉRIC
AVEC LA COLLABORATION DE PIERRE GAUMETON

PRÉFACE D'ÉRIC VERNIER

MILLIARDS EN FUITE !

MANIFESTE POUR UNE FINANCE ÉTHIQUE

le cherche midi

Vous pouvez consulter notre catalogue général
et l'annonce de nos prochaines parutions sur notre site :
www.cherche-midi.com

92, avenue de France
75013 Paris

Dépôt légal : septembre 2021
ISBN 978-2-7491-6885-2

« Quand c'est fini,
n, i, ni-ni,
ça recommence.
À la loterie,
chacun s'en va tenter sa chance. »

René Rouzaud,
chanté par Léo Ferré

À toutes celles et tous ceux, femmes, hommes, enfants de tous les pays qui s'engagent et luttent pour un monde plus juste et en paix.

« Le système bancaire moderne fabrique de l'argent à partir de rien. Ce processus est peut-être le tour de dextérité le plus étonnant qui fût jamais inventé. La banque fut conçue dans l'iniquité et est née dans le péché. Les banquiers possèdent la terre. Prenez-la-leur, mais laissez-leur le pouvoir de créer l'argent et en un tour de main, ils créeront assez d'argent pour la racheter. Ôtez-leur ce pouvoir et toutes les grandes fortunes comme la mienne disparaîtront et ce serait bénéfique car nous aurions alors un monde meilleur et plus heureux. Mais si vous voulez continuer à être les esclaves des banques et à payer le prix de votre propre esclavage laissez donc les banquiers continuer à créer l'argent et à contrôler les crédits. »

Sir Josiah Stamp,
directeur de la Banque d'Angleterre,
1928-1941

Préface

Lorsqu'Alain et Éric Bocquet m'ont proposé de rédiger la préface de cet ouvrage, je n'ai pas hésité une seconde pour y répondre favorablement. C'est un plaisir et un honneur d'accompagner ces deux grognards de la lutte contre les paradis fiscaux et les dérives de la finance.

Leur premier ouvrage[1], dans lequel j'avais pu apporter mon témoignage, avait déjà fortement marqué les esprits, avec des vérités sans fard, des faits méticuleusement démontrés, des évidences rarement dénoncées et des propositions urgemment nécessaires. Ce fut un bonheur que de lire ces lignes finement rédigées, avec toute la passion de ces deux hommes qui veulent quelque peu éclaircir l'avenir sombre de notre société trop lourdement financiarisée.

En dehors de tout dogmatisme, c'est en tant que citoyens engagés qu'Alain et Éric Bocquet ont décidé de réitérer

---

1. *Sans domicile fisc*, cherche midi, 2016.

l'exercice, accompagnés de l'expérience du journaliste Pierre Gaumeton. Comme ils l'affirment régulièrement, ils ne travaillent pas pour nous, car rien ne changera vraiment dans l'immédiat, mais ils œuvrent pour nos petits-enfants et arrière-petits-enfants. C'est cet horizon qui les anime, c'est l'objectif que se sont fixé Alain et Éric, enthousiastes mais lucides.

Ce second opus dresse un constat sans artifices ni concessions, avec des chiffres incontestables et des démonstrations implacables. Ouvrant une réflexion profonde et complexe sur le monde d'aujourd'hui, l'objectif de clarté est atteint : nous sommes transportés au cœur de la spéculation mondiale, qualifiée par les auteurs de virus à un moment où le terme ne peut être employé à la légère. Et il n'est pas ici galvaudé, tant les faits décrits s'avèrent délétères pour notre économie et par ricochet pour l'humanité.

Alors que nous fêtons les 25 ans du fameux Appel de Genève, lancé par sept juges en 1996 et orchestré par Denis Robert, il est indispensable de dresser le bilan, car il n'est pas des plus reluisants. Des milliers de milliards de dollars sont cachés dans les paradis fiscaux et échappent à toute imposition qui permettrait aux pays les plus fragiles de se développer et d'envisager un avenir meilleur. Des centaines de milliards d'euros sont perdus chaque année pour les pays européens, obligés de reporter la taxation sur les classes moyennes, de plus en plus fragilisées. Des pays africains exsangues de la spoliation permanente des multinationales ne rebondissent pas à cause de la corruption endémique.

Des fonds d'investissement vautours mettent à genoux entreprises et États en difficulté, en les forçant à appliquer des mesures d'austérité radicales et parfois fatales. Malgré l'expérience de la crise de 2007, les titres financiers à effet de levier dangereux pour les équilibres mondiaux se multiplient. Les ordres boursiers circulent plus vite que la lumière, manipulés par des robots fonctionnant à la picoseconde. Les mafias du monde entier intègrent, dans les circuits économiques, des milliers de milliards de dollars issus du trafic de drogue, de la traite humaine ou encore de la cybercriminalité. Et les banques en sont, souvent à leur insu, complices. Les Panama Papers comme les Paradise Papers avaient déjà montré en leur temps que milliardaires, stars du foot, professions libérales parisiennes, criminels et même terroristes se côtoient dans les mêmes sphères et utilisent les mêmes montages fiscaux internationaux pour échapper aux radars financiers comme judiciaires.

La question de la biodiversité, du dérèglement climatique et de l'avenir même du monde repose aussi sur l'existence de ces territoires opaques qui permettent aux flux de capitaux délictueux de s'épanouir.

La forêt malgache pourrait-elle être détruite par les trafiquants de bois si les bénéfices n'étaient pas tranquillement expatriés vers les paradis fiscaux, bancaires et judiciaires ?

Les plages seraient-elles surexploitées par les pilleurs de sable si les bénéfices n'étaient pas tranquillement expatriés vers les paradis fiscaux, bancaires et judiciaires ?

L'Amazonie pourrait-elle être défigurée par les trafiquants de drogue et les orpailleurs si les bénéfices n'étaient pas tranquillement expatriés vers les paradis fiscaux, bancaires et judiciaires ?

Les espèces animales protégées seraient-elles toujours menacées de disparition par les braconniers si les bénéfices n'étaient pas tranquillement expatriés vers les paradis fiscaux, bancaires et judiciaires ?

Les océans continueraient-ils à être souillés par les propriétaires de bateaux poubelles sous pavillon de complaisance si les bénéfices n'étaient pas tranquillement expatriés vers les paradis fiscaux, bancaires et judiciaires ?

La liste est longue. Les actions et les contre-mesures à mettre en place sont urgentes. La COP (*Conference of the Parties*) fiscale proposée en 2016 par Alain et Éric, à l'image des COP environnementales, et que j'avais fortement soutenue, n'a malheureusement pas vu le jour. Dans ce nouvel opus, ils relancent cette belle idée, internationale et humaniste. Il est encore temps. Bientôt, il sera trop tard.

En attendant, je vous invite à plonger sans modération dans l'univers impitoyable des frères Bocquet, qui nous embarquent au cœur de galaxies financières enchevêtrées dans les rouages les plus pervers.

Éric Vernier

Éric Vernier est chercheur spécialiste des paradis fiscaux et de la lutte anti-blanchiment. Il est directeur de l'ISCID-CO International Business School.

Avant-propos

Le virus de la spéculation, de l'argent pour l'argent, est une star mondiale. Éclipsé par le coronavirus ? Non, mille fois non ! Les acteurs de la finance se prosternent devant ce pourvoyeur de gains en pourcentages à deux chiffres. Les yeux rivés sur les progrès de leur absurde accumulation, ils n'ont cure de la santé du monde. Leur devise en ces temps de finance numérisée est lumineuse : « *click & racket* », ou quand l'économie spéculative exploite les meilleures technologies de l'information pour multiplier ses profits, les exfiltrer vers les paradis fiscaux et racketter l'argent public. Cette religion du détournement assure le succès des centres financiers offshore et a pour corollaire les progrès de la pauvreté. De la City à Singapour, des Bahamas au Luxembourg, les dealers de la finance accumulent dollars, euros, yen, yuans, bitcoins. Des montagnes d'argent que brassent les turbines à profit.

Ce sont des milliards de dollars, ou autres monnaies, et de richesses qui prospèrent dans les paradis fiscaux.

L'ONG Tax Justice Network[1] estimait en 2010 de 21 000 à 32 000 milliards de dollars la richesse privée cachée. En 2013, Xavier Harel, journaliste économique, avançait une estimation de la même ampleur[2]. En 2014, l'économiste Gabriel Zucman chiffrait ces capitaux abrités dans ces États à l'équivalent de 8 % du PIB mondial. Rien n'indique, tout au contraire, que les statistiques se sont dégradées depuis.

Dans ces États paradis, parasites, parfois à nos portes tel le Luxembourg, qui gangrènent la solidarité continentale, ces capitaux échappent au devoir de contribution. Ils représentent dix fois les montants des plans financiers élaborés par l'Europe pour lutter contre les effets de la pandémie de la Covid. Comment supporter ces détournements qui amputent la richesse fiscale des États voisins ?

Comment supporter cette concentration de richesses sur une terre où la pauvreté, l'injustice défigurent le visage de l'humanité, où la guerre économique, fiscale, la guerre tout court, mafieuse, terroriste ou armée, restent, à ce jour, sans réponses de paix et de justice efficaces ? Ce virus est notre cible.

Les sans-domicile-fisc, arrogants, impudents, imaginatifs, déterminés, en sont les porteurs et parmi les vecteurs les

1. Réseau international d'ONG militant pour la justice fiscale mondiale.
2. *La Grande Évasion. Le vrai scandale des paradis fiscaux*, Actes Sud, 2012.

plus actifs. Ils caracolent toujours en tête du classement mondial des parasites de nos sociétés.

Le coronavirus a-t-il glissé son grain de sable dans la génétique de l'évasion fiscale ? Que non ! La pandémie a creusé les inégalités. Bamboche pour « spéculvirus » et coronavirus. Durant les travaux, les ventes continuent, la fête bat son plein et les actionnaires prospèrent. Les multinationales optimisent ; les GAFAM se gobergent : jamais leurs produits et services n'ont été aussi recherchés. Les dollars s'accumulent sur les rives brumeuses de la Tamise, sur le sable accueillant des archipels tropicaux ou dans les boîtes aux lettres de pays-confettis.

En France, en Europe, dans le monde, ces flibustiers ordinaires de la haute finance, mafieux, truands des réseaux criminels restent les plus virtuoses dans le combat pour le maintien de leurs privilèges, celui du business de l'argent pour l'argent. Les rouages de la spéculation tournent en surrégime. Troublant plan de combat d'une guerre mondiale, en mode numérique, visant à supplanter les États, à réduire, détruire et privatiser les services publics, de la santé, de l'éducation, de la culture.

Chacun de nous, homme ou femme, est victime de cette entreprise de démantèlement. Les peuples n'en peuvent plus de ce monde où ceux qui travaillent la terre, qui font tourner les usines, entreprennent, veillent à l'éducation, à la formation, assurent la santé et la sécurité de tous ne sont ni reconnus ni rétribués à la juste mesure de leurs engagements. Sans oublier ceux qui sont réduits au chômage ou à l'errance de la migration. La pauvreté prospère, y compris dans nos pays développés. Tous les peuples sont touchés. Cette fracture écarte de la table commune la moitié des habitants de la planète. Lourde facture pour cette mondialisation qui réserve ses profits à une oligarchie et sème désordre et souffrance pour le plus grand nombre. Ce monde, notre monde, crie son besoin d'un nouvel équilibre de justice, de solidarité. La justice fiscale, nationale, européenne, bref, internationale, en est un des fondements.

Avec notre livre *Sans domicile fisc*, nous avons contribué, comme hommes politiques, à ouvrir le débat de l'évasion fiscale et de la finance spéculative et à le porter sur le devant de la scène publique. Challenge réussi et partagé ! Inouï : notre travail au Parlement, notre souci de le faire connaître, de le populariser nous a valu, en janvier 2018, de recevoir le prix Anticor de l'éthique en politique pour notre « combat en faveur de l'égalité des citoyens devant l'impôt ». Cette distinction est notre Légion d'honneur. Nous la partageons avec tous ceux qui sont engagés dans le développement de ce combat citoyen.

Nous sommes nombreux, lanceurs d'alerte, ONG, universitaires, journalistes, responsables politiques de sensibilités diverses, qui ont depuis plusieurs années contribué au décryptage et à l'analyse de ce mal. Chiffre connu : pour la

France, ce sont environ 100 milliards d'euros qui échappent au budget national. Pour l'ensemble des pays de l'Union européenne, le chiffre dépasse les 1 000 milliards chaque année.

Ce trou dans les recettes des États est le fruit d'un hold-up permanent des ultra-riches, des sociétés multinationales qui refusent, cynisme affiché, de participer au bien commun. La dévastation s'étend de jour en jour avec l'effondrement des moyens financiers nécessaires aux services publics de la santé, de l'école, à la recherche scientifique, médicale et technologique, à la révolution nécessaire de l'agriculture, de l'industrie, des transports face aux enjeux écologiques.

Les rencontres, les débats entrepris autour de notre livre nous ont convaincus d'une réalité : les citoyens ont conscience de l'imposture dont ils sont victimes et demandent justice. Les gouvernants, pourtant, restent cois ou cantonnés aux effets de manche d'une habile communication poudre aux yeux. Habiles dans la parole, sans courage réel dans les actes, les décideurs politiques ne révèlent que de maigres ambitions. Jamais elles ne répondent aux critères d'une véritable lutte contre les détournements fiscaux. « Sur le pont du *Titanic*, on s'est contenté, en guise de réforme, de changer les fauteuils de place », commentait Joseph Stiglitz, prix Nobel d'économie.

Les voleurs restent les plus agiles, les plus puissants. Et les connivences, voire les compromissions, entre les élites financières et les castes dirigeantes facilitent l'impunité. Ce monde à la dérive, sans perspective de progrès humain, nous pousse à la colère. Nous voulons partager ce qui nous révolte, mais aussi ce en quoi nous croyons, ce qui nous mobilise pour faire avancer une nouvelle organisation, un nouveau monde fiscal et financier où l'argent sera un outil au service de l'économie concrète, l'arme de la paix et de la justice.

Nous avons proposé en 2016 une COP fiscale mondiale. La justesse de son esprit et de son principe avait été reconnue et adoptée par l'Assemblée nationale, par le Conseil économique social et environnemental, par de nombreuses organisations non gouvernementales. Une approche similaire a été engagée par l'Organisation des pays du Sud sous la présidence de l'Équateur. Et voici encore quelques mois, au sein de l'ONU était soulignée la nécessité criante de bâtir « de nouvelles normes internationales visant la transparence fiscale ».

À la France, à l'Europe d'ouvrir la voie. Elles ont le choix de prendre à bras-le-corps ce combat contre le virus de l'évasion fiscale et contre la spéculation financière. Voilà la mère des batailles : elle est le combat de tout « honnête homme ». Jamais le besoin d'un nouvel ordre financier ne s'est autant imposé au monde. Même le président des États-Unis, le démocrate Joe Biden, inspiré par Bernie Sanders, situé à l'aile gauche de son parti, a reconnu que le temps était venu d'un rééquilibrage fiscal mondial.

PREMIÈRE PARTIE

Virus, pandémie

Ceux qui touchent, ceux qui sont touchés

I
Ce virus qui enrichit sans vergogne

« Il paraît que la crise rend les riches plus riches
et les pauvres plus pauvres. Je ne vois pas en quoi c'est une crise.
Depuis que je suis petit, c'est comme ça. »

Coluche

Jersey, les Bahamas ont dissous leurs hedge funds, *fermé leurs boutiques à trusts, renvoyé à leurs études les experts, les équilibristes de la finance et leurs soutiers, invité banquiers, lobbyistes et loubards du fric à tous crins à une décisive reconversion, morale et professionnelle, invité ce petit monde à changer d'algorithmes… Vent océanique sur ces archipels.*

Jersey s'est décidée à se mettre enfin à la culture de la banane, in vitro, *sous serre, en plein air ; culture de ce fruit miraculeux dont le commerce intercontinental et spéculatif, géré par des compagnies cherchant dans l'île une fiscalité indolore, lui a donné, entre autres manipulations financières, les statistiques d'un niveau de vie hors du commun pour un rocher venteux, battu par les marées.*

Jersey, pionnière de la reconversion des paradis fiscaux, au grand dam de la City, lessiveuse sujette elle aussi aux chamboulements post-Brexit, s'est alliée dans ce nouveau combat avec la Suisse concentrée sur l'horlogerie éternelle, le chocolat au lait et les havres bienveillants pour têtes blanchies et fortunées ; avec le Luxembourg, promis à l'accueil d'institutions internationales dans ses friches bancaires. Oui, le Luxembourg va accueillir le nouveau cœur battant de la finance mondiale. Pas n'importe quel cœur, puisqu'il sera connecté au cerveau de cette conversion des paradis fiscaux, établi à Bujumbura, et à ses reins, fringants filtres, l'un à Singapour, l'autre au Delaware.

Les cerisiers vont refleurir. Le pickpocket, devenu naguère chef commissaire européen, lâche ses anciens complices et forme ses ouailles aux recettes de cette nouvelle organisation fiscale mondiale. Le pickpocket devenu gendarme. Une conversion morale ? Pour preuve que la COP fiscale n'a pas brassé que des idées trop avant-gardistes, de solidarité et de justice. Elle a planté dans les trous noirs de la finance les fondements d'une nouvelle balance fiscale, équerrage nécessaire à l'équilibre de ce monde. Ainsi vient à nous ce monde éclairé, avide de paix, où la vulgarité de l'ultra-richesse n'est plus une vertu contagieuse. Mais la simple cicatrice d'un univers éteint.

Il est 6 heures, ce matin de janvier, le radio-réveil me tire du sommeil. Un médecin est au micro :

« À Wuhan, un virus inconnu vient d'être identifié et nous redoutons une épidémie…

— En Chine ? s'enquiert le journaliste.

— Oui, pour commencer. Ce sera un premier foyer, mais sera-t-il possible d'empêcher sa dissémination ? Non. Le virus a déjà embarqué pour son tour du monde. Le danger est universel. »

J'étais maintenant tout à fait réveillé, sorti de mon rêve, revenu au réel. Les champs de bananes sur un rocher au milieu de la Manche s'étaient évanouis. Shanghai fermait. À Jersey, à la City, au Luxembourg comme en Suisse, c'était l'heure des mises à jour informatiques. Les traders devant la machine à café, les marchés financiers du Vieux Monde allaient ouvrir. Le cauchemar du coronavirus nous attendait.

Printemps 2021 : il est toujours là, ce petit organisme vivant d'un millionième de millimètre. Subtil, se jouant des frontières, minant nos échanges sociaux, culturels, commerciaux, et bousculant nos modes de vie. La pandémie a laminé nos habitudes, tué dans tous les pays du monde, suspendu nos voyages, réduit notre cercle social, paralysé les entreprises, privé de travail ouvriers et commerçants, artisans et artistes, techniciens et saisonniers.

Un autre monde est à construire, il demande imagination et engagement. À nous deux, frères dans la vie, frères en politique, nous avons décidé de nous exprimer, de proposer des pistes vers un nouvel avenir. Il y a urgence. Et nous ne sommes pas seuls à exprimer ce besoin.

Si les victimes du coronavirus sont multiples, pendant que certains trinquent, d'autres pavoisent. Grand classique des crises. La pandémie n'y échappe pas. La société d'investissement MKM Partners a même eu l'idée, au printemps 2020, de rassembler les gagnants dans un nouvel indice boursier, « Stay at home[1] index ». Y figurent Amazon, eBay, Alibaba, Netflix, Facebook, Slack, Zoom… Un an plus tard, les analystes regardent toujours ces valeurs comme des locomotives des marchés !

Dès les premiers rounds d'un combat mené avec les moyens du bord, ce fut une évidence planétaire. La fête de la finance libérale ne relâchait pas son tempo. Le show continuait. L'évasion fiscale restait l'outil favori du libéralisme spéculatif, et la cupidité du système, jamais trouvée en défaut. *Click & racket, as usual…*

Et s'il était temps d'oser : renverser la table ? Non, la remettre sur ses quatre pieds, fonder un nouvel équilibre sur l'équité, la justice. Avec le bien-être, la santé, le bonheur de l'homme comme indicateurs pertinents ? Un monde loin du modèle dessiné par notre ancien ministre de l'Économie, en 2015, un certain Emmanuel Macron, s'adressant aux nouvelles générations : « Il faut, avait-il dit, que des jeunes Français aient envie de devenir milliardaires. » Le monde n'a pas besoin de ces rêveurs mais d'hommes et de femmes motivés, entreprenants, travaillant pour le mieux-être de l'humanité.

1. « Rester à la maison ».

N'est-ce pas l'ONU elle-même qui lançait en janvier 2020 une initiative pour « aider les pays à travers le monde à mieux combattre les flux financiers illicites, la corruption, le blanchiment des capitaux et l'évasion fiscale dans le cadre du programme dédié au développement durable à l'horizon 2030 » ?

Quittons le champ des effets d'annonce pour agir. Osons. Message à nos gouvernants, appel à l'action que lancent les citoyens, les militants associatifs, les hommes et femmes politiques de toutes sensibilités ou presque. Même parmi les tenants du libéralisme, ils ne sont pas rares ceux qui, hors estrade, s'effraient d'une finance sous stéroïdes et avouent qu'il est temps de mettre un coup d'arrêt à sa dérive.

Le monde que la pandémie fait émerger ne peut être un monde de paix quand le système est celui où le gagnant rafle toute la mise. Quand la Covid tue d'un côté, elle épargne la finance. Jamais les profits des multinationales du numérique, de l'industrie pharmaceutique, des banques n'ont été propulsés à ce niveau. Jamais la spéculation n'a été aussi florissante.

Trente-deux grandes entreprises mondiales[2] aux États-Unis, en Europe, en Asie, en Australie, en Afrique, dont les chiffres d'affaires et les profits devaient enregistrer

2. « Covid-19 : les profits de la crise », Oxfam International, septembre 2020.

des statistiques spectaculaires en 2020, détaille un rapport d'Oxfam. Avec 109 milliards de dollars de profits annuels supplémentaires par rapport aux années précédentes, ces entreprises ont bousculé leurs prévisions. Google, Microsoft, Apple, Facebook, Intel, Amazon font la course en tête. Dans ce tableau, on retrouve les grands de la pharmacie, Johnson & Johnson, Pfizer, Merck, AbbVie, mais aussi les géants de la distribution Amazon, Walmart. Y figurent également Nestlé, Visa, le Crédit agricole, Deutsche Telekom.

Profits historiques non anticipés aussi pour les GAFAM : Google, Apple, Facebook et Amazon ont enregistré 27 milliards de dollars en plus durant ces mois de pandémie en 2020. Dans ce palmarès, Microsoft se distingue avec 18,8 milliards de dollars supplémentaires engrangés.

Les six géants de la pharmacie arrivent derrière avec 12 milliards, dont 4,9 pour Merck, 3 pour Johnson & Johnson, 3 pour Roche. Voilà un aperçu de ces « *pandemic profit makers* », comme les baptise l'ONG qui précise, non sans un humour bien contenu : « Ces profits en excès de ces compagnies ne seraient pas un problème s'ils étaient largement partagés et bénéficiaient au reste du monde. »

Cette déferlante de bénéfices a ruisselé… vers le haut, vers les actionnaires, dont les nombreux ultra-riches.

Exemple national, ce nouveau promu dans le club fermé des milliardaires[3], le Français Stéphane Bancel intègre les grandes fortunes hexagonales grâce à la valorisation boursière du laboratoire Moderna Therapeutics, dont il est cofondateur. Il détient 9 % du capital et le succès du vaccin éponyme lui assure cette confortable promotion. Avec un capital de 3,5 milliards d'euros, il s'installe à la 23e place du classement Forbes pour la France.

« Un gros-porteur traverse mieux la tempête qu'un petit avion de tourisme », commente le magazine lorsqu'il présente sa cuvée 2021 du palmarès des grosses fortunes françaises : 42 milliardaires avec les nouvelles entrées dans le classement. « Cette équipe de France des milliardaires totalise à elle seule un peu plus de 510 milliards de dollars […], une catégorie de la population française qui a traversé la crise sans encombre. » La toute récente enquête de *Challenges*[4] confirme l'insolente santé financière des castes fortunées. Le patrimoine total des 500 familles les plus riches de France approche les 1 000 milliards d'euros réalisant un gain de 30 % entre juin 2020 et juin 2021. Cette météorologie sans nuage explique les dires de notre champion national, Bernard

---

3. Lucas Chancel, chercheur à l'École d'économie de Paris, a comparé les patrimoines des 500 plus grandes fortunes mondiales et mis en exergue qu'en Europe, c'était la France qui était en tête avec 354 milliards d'euros cumulés contre 281 en Allemagne et 147 au Royaume-Uni. *Alternatives économiques*, avril 2021.
4. *Challenges*, 8 juillet 2021.

Arnault, avouant à propos des comptes de LVMH : « Les crises nous rendent plus forts. » Ce multimilliardaire, originaire de Roubaix, qui fut brièvement titré « homme le plus riche de la planète », figure toujours dans le top 3 mondial. Il a fait progresser son magot de 26 % entre le début de la pandémie et la fin du mois de mai 2020, malgré un tassement de son luxueux business… Le don aux Hôpitaux de Paris et au Secours populaire de flacons d'un gel hydroalcoolique parfumé, siglé LVMH, n'a guère flétri les ors de sa cassette ! « Voler en grand et restituer en petit, c'est la philanthropie », écrivait l'essayiste Paul Lafargue en 1887.

Ce ne sont pas les gestes de largesse d'entreprises ou de leurs propriétaires milliardaires qui pourraient compenser « moralement » ces enrichissements. Que ces bénéficiaires paient tous leurs impôts d'abord, là où leurs entreprises travaillent. Ils pourront ensuite ajouter un geste d'humanité. L'analyse de l'ONG Oxfam[5] démontre que les dons des plus grandes entreprises au cours de la crise 2020 de la Covid représentaient 0,32 %, en moyenne, de leur résultat opérationnel en 2019. L'obole exhale des relents de dédain. La bonne fortune se double d'indécence absolue quand Pfizer découvre qu'il peut facturer six doses au lieu de cinq par flacon et se préparer à allonger de 3 milliards d'euros ses profits, puis à réévaluer son prix de vente.

5. *Op. cit.*

Le Figaro[6] relève le phénomène d'enrichissement quand il rapporte que la fortune des milliardaires a atteint de nouveaux sommets en pleine crise. Selon une étude, que cite le quotidien, du cabinet d'audit PWC et de la banque suisse UBS, bien informés sur le sujet, la fortune cumulée des milliardaires a dépassé, fin juillet 2020, le précédent record, en atteignant les 10 200 milliards de dollars. Aux premiers signes du déferlement du coronavirus sur les économies occidentales et mondiales, un krach boursier a valu des sueurs froides à ces 2 189 privilégiés, 31 de plus qu'en 2017. La crainte des faillites en chaîne avait laminé de plus de 6 % le magot de ce club. Une inquiétude vite enfouie puisque le printemps allait faire rebondir les indices[7]. La fortune de ces milliardaires gagnait tout de go plus de 27 %.

Les nouvelles fortunes se concentrent sur les secteurs de la technologie, du numérique, de la santé et des équipements médicaux. Exemple avec cette ancienne professeure chinoise de chimie, Zhong Huijuan, à la tête de l'entreprise Hansoh Pharmaceutical… et titulaire d'une fortune

6. « La fortune des milliardaires atteint de nouveaux sommets en pleine crise économique mondiale », *Le Figaro*, 7 octobre 2020.
7. En témoignent ces titres de journaux : « L'indice Dow Jones a clôturé pour la première fois au-dessus des 30 000 points mardi », *Les Échos*, 26 novembre 2020 ; « Bourse, l'euphorie », *Les Échos*, 1er décembre 2020 ; « Pourquoi Wall Street bat tous les records », *Les Échos*, 9 décembre 2020 ; « La folle année boursière du CAC 40 », *Le Figaro*, 31 décembre 2020 ; « Une année en or pour les milliardaires », *Les Échos*, 1er janvier 2021 ; « Un début d'année en fanfare pour les Bourses mondiales », *Les Échos*, 11 janvier 2021.

désormais estimée à 20,4 milliards de dollars. En deux années, la fortune des milliardaires dans ce domaine de la santé s'est accrue de plus de 50 %, à hauteur d'environ 660 milliards de dollars… En Chine toujours, Zhong Shanshan, le dirigeant de Beijing Wantai, laboratoire de pharmacie travaillant sur des vaccins, a lui aussi arrondi son patrimoine boursier de 20 milliards de dollars avec la préparation d'un spray nasal anti-Covid !

Plateforme à cash

Dans ce championnat mondial, le plus en vue des compétiteurs se nomme Jeff Bezos, fondateur d'Amazon. La crise sanitaire lui a permis d'engranger des profits « inattendus ».

Pendant les deux premiers trimestres de cette année bénie, son chiffre d'affaires a crû de 40 % ; pour le troisième trimestre, la performance a été encore de 37 %, avec 96,1 milliards de dollars et un bénéfice de plus de 6 milliards, c'est-à-dire multiplié par trois par rapport à 2019 !

Objets emblématiques de ce business aux revenus insolents, les masques, gants, thermomètres, blouses blanches, carafes, piles électriques, congélateurs, jeux vidéo, équipements électroniques et consommables de bureautique, souligne le salarié d'un entrepôt français.

Fin 2020, Jeff est devenu l'homme le plus riche de tous les temps en ayant doublé son patrimoine boursier. La valeur de ses 54,5 millions d'actions d'Amazon (10,5 % du capital) est passée, en une seule année, à 202 milliards de dollars. Et sa part des bénéfices, 6,50 dollars l'action, se chiffre à 350 millions de dollars. La performance est hors du sens commun. S'il avait offert 30 actions de son groupe à chacun de ses 876 000 salariés, ceux-ci auraient bénéficié d'un pactole en Bourse de plus de 100 000 dollars chacun, tandis que la valeur du sien serait restée au même niveau de fortune qu'avant la pandémie !

Pour les grands acteurs de la nouvelle économie numérique et des plateformes de distribution, la crise s'est traduite par le boom de leurs affaires, tel un puissant coup d'accélérateur. La valeur boursière des GAFAM a bousculé et rendu obsolètes les prévisions les plus optimistes. En septembre 2020, leurs valorisations dépassaient les 7 300 milliards de dollars, soit l'équivalent des PIB cumulés de la France, de l'Allemagne et de l'Italie. Apple, avec 2 120 milliards (contre 200 il y a dix ans !), vaut désormais davantage que les 40 sociétés cotées au CAC à Paris. Gagnants aussi d'autres grands noms de la distribution comme l'américain Walmart, avec un bénéfice par action croissant en un an de 16 %.

La bonne santé des pharmaceutiques

Et du côté des industriels pharmaceutiques, Sanofi a surfé sur la déferlante du succès de médicaments grand public. Avec un bond de 20 % de la consommation de Doliprane puis du Dupixent, molécule vedette contre l'asthme et l'eczéma sévère, Sanofi a gonflé de 3,6 % ses résultats au second trimestre, à 1,6 milliard d'euros !

Ces chiffres n'ont pas remis en cause sa stratégie financière, passant par une restructuration et visant à gonfler sa marge à 32 % pour 2025 ! Le plan incarne un processus de destruction des emplois avec des départs volontaires (marketing, recherche et développement) à travers l'Europe. En France, où le groupe bénéficie chaque année de 150 millions au titre du crédit d'impôt recherche et du crédit d'impôt pour la compétitivité et l'emploi, plus de 1 000 emplois sont visés, dont ceux de 400 chercheurs. En 2019, Sanofi a porté son chiffre d'affaires à 36 milliards d'euros, pour un résultat de 7,5 milliards (9,8 %). Et le laboratoire a distribué pour 4 milliards de dividendes, plus de 11 % de son chiffre d'affaires.

Conséquences de cette politique visant un profit à deux chiffres : des handicaps en cascade et le retard pris pour développer un vaccin « national » ! Pour notre pays, qui s'honore d'être la patrie de Louis Pasteur, cette lenteur à mettre au point un vaccin « national » frise la honte.

Restons dans les laboratoires pharmaceutiques, vers qui tous les regards sont tournés. Ces entreprises mondiales, à visées monopolistiques, s'enrichissent en mettant à profit la croissance pandémique de nouveaux besoins. Pas question d'imaginer la mise à disposition de leurs recherches sans contrepartie financière. Qu'importe si c'est la mise de fonds de l'argent public qui a permis d'accélérer les découvertes. Ainsi dans le cas des vaccins anti-Covid ! Pour les Big Pharma, même si ce sont les injections de fonds publics qui ont permis la définition et l'expérimentation des traitements, les bénéfices… vont aux actionnaires. La levée du droit des brevets est indispensable.

Logique et arrogance. Elles s'observent quand la hausse spectaculaire des revenus ou de leurs valeurs boursières alimente directement la fortune de leurs dirigeants. Le sujet est illustré par le bonus que se sont attribué deux dirigeants du géant Pfizer. (Et sans doute ne sont-ils pas les seuls, les autres bénéficiaires restant hors de portée des radars.) L'histoire est celle du président et de la vice-présidente du laboratoire américain, Albert Bourla et Sally Susman, exploitant sans vergogne le bond spectaculaire du cours de Bourse de leur entreprise. C'était le 9 novembre 2020, quand le laboratoire publia un communiqué de presse annonçant les résultats des premiers essais prometteurs d'un vaccin contre la Covid.

L'information enflamma la galaxie financière. Les indices reprirent de la couleur. Le Dow Jones gagna près de 3 %. Le titre Pfizer bondit de 15 %. Une aubaine. Ce jour-là, Albert Bourla vendit 132 000 de ses titres pour 5,6 millions de dollars et Sally Susman en fit de même, avec 43 000 pour 1,8 million de dollars. Jackpot juteux, fruit d'un sens du timing exemplaire… Les heureux bénéficiaires expliquèrent que la vente était inhérente à leurs contrats de travail et prévue de longue date. Celle de la publication du communiqué de presse annonçant le vaccin était-elle aussi programmée de longue date ? Qu'Albert et Sally n'ont-ils décidé de la décaler d'une journée pour se prémunir de cette suspicion ! Leur sens de l'opportunisme se vérifia quelques semaines plus tard avec le nouveau calcul de doses par flacon, autorisant à gonfler la facturation !

Course à l'argent ? Oui ! L'objectif premier est toujours le maximum de profits. Et cette mécanique financière des multinationales – dont certaines représentent désormais des puissances privées aux ressources supérieures à celles des États – induit toujours, directement ou non, le recours aux paradis fiscaux. L'évasion fiscale, baptisée « optimisation » pour se fondre dans la légalité et le respect des règlements, est le cœur du système.

Gymnastique fiscale

La pandémie n'a pas entravé la fuite orchestrée des bénéfices vers les paradis fiscaux. Les exemples se comptent par milliers. L'exemple d'Amazon reste sous les feux de l'actualité.

« Amazon fait partie des champions de l'évasion fiscale. Depuis l'origine, Jeff Bezos a organisé son groupe de telle sorte qu'il est très difficile de chiffrer l'étendue réelle de son activité pays par pays. L'évasion fiscale est en quelque sorte dans l'ADN de la multinationale », écrivent trois ONG[8].

Artifice connu de cette gymnastique fiscale, la décote que fait subir aux chiffres d'affaires nationaux la facturation, par une filiale luxembourgeoise dédiée, de prestations et royalties diverses, notamment rattachées à l'usage de la marque et des logiciels. Ces pratiques permettent d'exporter les bénéfices vers le Luxembourg puis vers le Delaware. Le chiffre d'affaires en France est ainsi réduit de 57 %, comme le bénéfice taxable.

L'impact direct sur les recettes fiscales du pays se double des effets d'une concurrence déloyale et destructrice, menée aux dépens des autres acteurs économiques. Ces

8. « Immersion dans le modèle Amazon », rapport Attac, Union syndicale Solidaires, Amis de la Terre, novembre 2019.

derniers ne disposent pas des mêmes capacités financières, de lobbying ou de chantage à l'emploi comme armes de persuasion. Comment expliquer autrement la séduction de collectivités publiques, comme à Amiens, finançant pour plusieurs millions d'euros des équipements, routiers notamment, desservant les méga-entrepôts de la multinationale américaine ?

Ainsi, aux pertes directes que l'exil fiscal engendre pour l'État s'ajoutent les pertes indirectes que représentent les dépenses engagées par la collectivité en matière d'équipement, de transport, d'énergie, de gestion des déchets, de sécurité, de santé, de formation. Bref, refrain connu pour Jeff et les autres, je ne paie pas ma juste part d'impôts légitimes, mais je profite des équipements et services que la communauté a bâtis grâce aux deniers des contribuables !

Taxe dédiée

La Covid ne touche pas tout le monde de manière identique : certains sont touchés, d'autres touchent ! Il faut renverser la donne. Que les gouvernements, comptables de la santé et de l'intérêt général, décident d'une contribution sur ces gains exceptionnels ! Même au Royaume-Uni ou en Belgique, certains ont avancé l'idée d'une contribution de solidarité pour les plus riches. Une taxe

Covid serait une juste mesure, avec l'opportunité offerte de financer les tests de dépistage et la recherche médicale, la diffusion des vaccins au bénéfice de l'humanité tout entière !

II

Autre vertige, côté victimes

« L'inégalité extrême n'affaiblit pas seulement notre économie ;
elle fragilise également notre démocratie. »

Joseph Stiglitz[1]

D'autres chiffres, d'autres témoignages ou analyses donnent le vertige et ouvrent sur une réalité, insoutenable, explosive. Celle des perdants, des victimes. Victimes directes, celles tuées par le coronavirus. En juillet 2021, il avait à son actif plus de 183 millions de malades et 3,9 millions de morts dans le monde.

Fin 2020, la France en comptait près de 47 000. Et le cap des 100 000 a été atteint et dépassé au début du printemps 2021. Parmi eux, nos aînés, personnes âgées qui étaient hébergées dans des Ehpad : plus de 22 000 morts enregistrés début décembre 2020. Un gestionnaire privé de nombreux établissements en France, Korian, leader européen

---

1. *Le Prix de l'inégalité*, Les liens qui libèrent, 2012.

du marché, s'est particulièrement distingué dans ce sombre palmarès. Ses investissements en masques avaient été tardifs et insuffisants, mais il avait pourtant pris la décision de distribuer 54 millions de dividendes à ses actionnaires. Il a renoncé sous la pression de l'opinion et d'une partie du monde politique.

Victimes collatérales, à nos portes ou sous de lointaines latitudes, les pauvres, les précaires. Si la France n'a jamais connu autant de millionnaires, plus de 700 000, jamais elle n'a vu autant de convives à la table des Restos du cœur. « Dommage que le resto qui marche le mieux pendant la crise, ce soit le nôtre, écrit son président, Patrice Blanc. Depuis le début de la crise, la distribution aux hommes et femmes dans la rue a connu une augmentation de 40 %. La crise fait ressurgir des inégalités insupportables. »

Il n'est pas le seul à faire ce constat. Le Secours populaire, le Secours catholique, comme d'autres associations, parfois très modestes, lancent de semblables appels. À l'automne 2020, c'est plus d'un million de personnes qui versent dans la pauvreté, estime Florent Guéguen, directeur de la Fédération des acteurs de la solidarité. De son côté, l'Assemblée des départements de France relève une augmentation de plus de 9 % des dépenses liées au RSA entre août 2019 et la même période de 2020[2].

2. Pour certains départements, la hausse a dépassé les 14 %.

Un Français sur trois a été directement touché par une baisse de ses revenus. Pas les milliardaires. Non, mais des salariés mis au chômage partiel ou licenciés, des commerçants, des artisans, des entrepreneurs en difficulté, les intermittents du spectacle, des intérimaires, les saisonniers, les travailleurs non déclarés sans mission, des autoentrepreneurs.

Tous victimes tandis que le confinement avait permis au printemps 2020 à 20 % des ménages, les plus aisés, d'alimenter leur bas de laine. La Banque de France avait chiffré cette épargne à plus de 85 milliards d'euros. En fin d'année 2020, elle a révisé son chiffre et l'a estimé à 130 milliards.

En bas de l'échelle des revenus, les plus modestes, victimes citées, avaient dû puiser dans leur maigre épargne, pour ceux qui en disposaient.

Et dans le monde

À l'échelle mondiale, la pandémie envoie ou renvoie dans la misère et l'incertitude les plus faibles. L'Organisation internationale du travail a chiffré à plus de 430 millions le nombre d'entreprises dans le monde que la pandémie a mises en danger.

« Le monde fait face à un potentiel tsunami de pauvreté », analyse Andy Summer, expert du développement international au King's College de Londres[3]. « La Covid-19 pourrait renvoyer le monde dix ans en arrière – et même trente ans dans certaines régions », explique-t-il, évoquant une progression du nombre de personnes pauvres de l'ordre de 420 à 580 millions dans le cas extrême d'un recul de la consommation mondiale de 20 %.

« La Covid-19 représente une crise dévastatrice et sans précédent qui nous touche tous, partout. Aucune région ni aucun pays ne sont épargnés. C'est un moment décisif de l'histoire de l'humanité », soulignait fin 2020 le secrétaire général de l'ONU, António Guterres, dans un appel à l'allègement de la dette des pays pauvres[4].

Les chutes de revenus vont concerner les travailleurs de plus de 170 pays, avait estimé l'ONU, soulignant que 40 % de ces populations étaient sans protection sociale. De son côté, la Banque mondiale estime, fin 2020, qu'entre 88 et 115 millions de personnes supplémentaires allaient vivre avec moins de 1,90 dollar par jour à cause de la pandémie[5].

« La réduction de la pauvreté a subi son pire revers depuis des décennies, après près d'un quart de siècle de déclin constant », résume la Banque mondiale. Entre 1990

3. Publication du King's College London, 9 avril 2020.

4. Communication de l'ONU, 4 mai 2020.

5. « Covid-19 : l'extrême pauvreté dans le monde va augmenter pour la première fois depuis plus de vingt ans », *Libération*, 8 octobre 2020.

et 2015, l'extrême pauvreté avait drastiquement reculé dans le monde, passant de 36 % à 10 %, analyse-t-elle. Un reflux contrarié ces dernières années en raison de conflits armés et des effets du changement climatique. Double ou triple peine pour ces populations.

Image de ce retour vers la pauvreté, l'exode de travailleurs urbains, en Inde. Ils ont quitté par millions les mégalopoles, comme Mumbai ou New Delhi, pour tenter de rejoindre leurs lointains villages natals et profiter de la solidarité familiale. Ou encore de ces ouvriers low cost, indiens, bengalis, philippins, employés dans les pays du golfe Persique et que le confinement avait privés d'emploi. Ils durent rentrer eux aussi dans leurs familles, en quête de soutien.

Le virus prétexte !

Dans notre pays, la pandémie est à l'origine de plans de restructuration, de fermetures. Désastre sur tous les horizons. Les témoignages sont issus de toute la France, venus de ces entreprises, petites ou moyennes – 2 millions en France –, plongées dans l'enfer de la Covid. Ainsi ce prestataire de services dont les aides avaient pris fin à l'été 2020. Il citait ses clients désormais sans projets et lui, ayant « brûlé » sa trésorerie, sans illusions et s'apprêtant à faire faillite.

À la longue liste des victimes économiques de la pandémie, toutes celles qui ne sont pas aussi visibles et n'apparaissent pas dans les statistiques. Seules les associations d'accueil des plus démunis les connaissent bien : étudiants esseulés, ayant perdu un job d'appoint, artisans sans trésorerie ni commande, chauffeurs ou livreurs indépendants, femmes de ménage au noir, serveurs de restaurant, cuisiniers d'extra.

Licenciements, non-reconduction de CDD, chômage partiel ou non à la clef, les coups portés ne sont pas tous imputables aux seuls effets du virus et à la perte de marchés ou de contrats. Le virus a accéléré des planifications de restructurations qui dormaient dans les placards. Manifestation du cynisme des grands groupes profitant d'un effet d'aubaine pour concentrer leurs centres de profit. Combien de travailleurs subiront-ils ce bain forcé dans les eaux glacées du calcul égoïste ?

Exemple de cette soif de profits que rien n'étanche, la mise au chômage partiel décidée par des enseignes de la grande distribution, Auchan, Géant, Monoprix. Carrefour s'y distingue avec son recours au chômage partiel pour compenser le manque à gagner lié à la fermeture de rayons dits « non essentiels » lors du deuxième confinement. Ainsi, 78 000 salariés, soit 70 % de ses effectifs, ont été touchés. Rien n'arrête l'opportunisme financier de ces groupes. Ils osent tout. Sans jamais négliger ce qu'un usage, toujours discret, des paradis fiscaux peut leur apporter. On se souvient de la banque Oney, alors entité du groupe Auchan, qui exilait ses revenus d'assurances vers Malte, membre de l'Union européenne, où les bénéfices étaient sept fois moins imposés qu'en France.

La pandémie a ravagé le business de milliers d'entreprises dans les domaines du transport, du tourisme, du commerce, les poussant sous la contrainte à d'inévitables restructurations. Mais ils sont nombreux les PSE, plans de sauvegarde de l'emploi si mal nommés, à s'inscrire, eux, dans des démarches de pur opportunisme.

C'est aussi le moment choisi par le gouvernement de Jean Castex pour imposer sans scrupule la loi inique de réforme de l'indemnisation du chômage. Elle fera baisser jusqu'à 40 % les indemnités mensuelles d'un million de sans-emploi. Le Conseil d'État, saisi par les organisations syndicales, a décidé à la fin du mois de juin 2021 de suspendre l'application des mesures arrêtées. Depuis, Emmanuel Macron a annoncé qu'il persisterait.

Quelle aubaine que ce coronavirus ! Surfer sur la vague pour passer inaperçus. Ou presque. Sanofi, déjà cité, ou encore Nokia, annonçant plus de 1 200 licenciements malgré des millions d'euros d'aides publiques, le bénéfice du crédit d'impôt recherche et du crédit d'impôt compétitivité et emploi. *Idem* pour La Halle, Daher, Comatelec, Bénéteau ou encore Hutchinson, et, dans notre région des Hauts-de-France, Cargill, Bridgestone entre autres.

Cargill liquide 180 emplois à Haubourdin malgré les besoins en amidon et un bénéfice estimé par un cabinet expert à près de 6 millions d'euros en 2019. Bridgestone sacrifie, depuis le Japon, son usine de Béthune et ses 860 salariés.

En matière de cynisme, un sommet est atteint quand le groupe Renault, titulaire d'un prêt garanti par l'État de 5 milliards d'euros pour faire face à la crise du coronavirus, prévoit « en même temps » de supprimer 4 600 emplois. Pire, il annonce sa décision de délocaliser en Chine la fabrication de son nouveau véhicule Dacia Spring.

Le groupe français PSA, devenu Stellantis, a lui aussi choisi le « *made in China* » pour sa Citroën C5, ce que *Le Monde* analyse en ces termes : « En décidant de produire sa nouvelle berline en Chine, Stellantis envoie un signal destructeur. » Ces faits sont à contre-courant des propos gouvernementaux qui se veulent rassurants quant aux relocalisations de nos productions. La bataille pour la réindustrialisation de la France reste plus que jamais d'actualité.

Tandis que s'égrène la litanie de plans dits « sociaux » (plus de 450 enregistrés depuis le printemps 2020 pour près de 70 000 emplois), la fête continue. Open-bar pour la finance, comme en témoigne l'exemple de la verrerie charentaise Verallia, dont le principal client est le producteur de cognac Hennessy.

En juin 2020, Verallia, leader français de la production de bouteilles, annonce la suppression de 80 emplois avec la fermeture d'un four. Un plan justifié par l'incertitude liée à la crise sanitaire. Rien que d'ordinaire pour les tenants du libéralisme économique.

Ce qui rend détestable la manœuvre, c'est que, la veille, la société a versé pour 100 millions d'euros de dividendes, dont 55 % au bénéfice du fonds d'investissement Apollo, son actionnaire principal depuis 2015… et aussi en direction de la Banque publique d'investissement (autrement dit l'État), actionnaire pour 7,5 %.

Pire, ce sont les montages financiers d'Apollo[6], s'appuyant sur ses filiales créées au Luxembourg et aux îles Caïmans, qui ont permis de réduire les bénéfices de Verallia, donc d'échapper à l'impôt sur les sociétés. Le verrier charentais, par exemple, assure le remboursement de plus de 20 millions d'euros d'intérêts sur un prêt de 349 millions d'euros (au taux usuraire de 8 % au vu du marché) à la structure luxembourgeoise, filiale qui a expédié en janvier 2020 vers les comptes de son homologue des îles Caïmans la coquette somme de 559 millions. La fête continue et les salariés trinquent !

---

6. « Verallia licencie mais envoie pourtant des centaines de millions d'euros dans les paradis fiscaux », Maxime Renahy, Le Média, 9 septembre 2020.

Jeux de milliards

L'évasion fiscale est une délinquance délibérée. Elle totalise à son passif des millions de victimes. Délinquance délibérée, mais quand la justice intervient, pour éviter des procès coûteux et dévastateurs sur le plan de la renommée, les multinationales préfèrent passer par un arrangement préalable. Je négocie, s'il le faut, je signe un chèque, et basta, j'évite le coup de bambou d'une condamnation et du déshonneur. En définitive, je reste gagnant, et peu importe ce qu'il en coûte à la société.

Ce sport de riches est un sport de parasites. Il se joue au détriment des collectivités. Il ampute les budgets publics. Le schéma est connu. Exemple : Apple – trafic décrit – expédie ses bénéfices vers les Bahamas, où son magot de près de 250 milliards de dollars patiente – ou patientait –, dans l'attente d'une « *tax holiday*[7] ». Une aubaine pour le rapatrier vers les États-Unis que Trump avait offerte en réduisant le taux d'imposition de 39 à 15 %. Bingo encore pour Apple avec la décision du Tribunal européen invalidant celle de la Commission européenne de lui faire payer 13 milliards d'euros d'impôts à l'Irlande. Le pays, pratiquant une fiscalité très accueillante pour les géants du numérique, aurait eu bien besoin de ces 13 milliards pour combler son déficit budgétaire.

---

7. Exonération fiscale temporaire.

Autre bénéficiaire de ces pratiques, Amazon qui, au printemps 2021, a vu ce même tribunal invalider les décisions de Margrethe Vestager, commissaire européenne chargée de la concurrence, de taxer la totalité des bénéfices d'Amazon au Luxembourg. Coups d'épée dans l'eau de la commissaire ! En revanche, le tribunal a validé celles concernant les rescrits fiscaux dont deux filiales de notre géant de l'énergie Engie ont bénéficié (120 millions d'euros d'arriérés d'impôt).

Cette course au moins-disant fiscal, phénomène mondial, a des conséquences sur la vie des citoyens. Au Royaume-Uni, où l'ultra-libéralisme hérité de Maggie Thatcher a essoré le système de santé, la pandémie a révélé un National Health Service à genoux, sans moyens. Ainsi, selon l'association Health Data Research[8], 35 000 personnes supplémentaires pourraient mourir du cancer en raison d'une prise en charge déficiente. « Moins de lits, moins de scanners, moins de médecins », diagnostique l'association qui étudie la prise en charge du cancer.

« Je ferai partie des morts supplémentaires du cancer », avait écrit en juillet 2020 Val Curtis, cette scientifique britannique, chercheuse spécialiste de l'hygiène dans la lutte des maladies infectieuses. Diagnostiquée, elle avait dû attendre deux mois avant un traitement d'urgence. Puis,

8. « Val Curtis, la scientifique que l'hôpital public britannique n'a pas pu sauver », *Le Monde*, 6 novembre 2020.

plus tard, encore deux fois quatre semaines pour des examens complémentaires. Enfin, une opération prévue n'avait pu être réalisée car, après six semaines d'attente supplémentaires, celle-ci était devenue impraticable ! Val Curtis est décédée en octobre 2020.

Dans un royaume où la finance mondiale entretient la plus énorme turbine spéculative jamais en service, l'argent a manqué pour les services les plus nécessaires. Et la santé des sujets de Sa Majesté est sacrifiée sur l'autel du libéralisme et de l'austérité. Comment ne pas voir dans pareille situation la main des marchés financiers ?

« Ces questions (pandémie, rôle de l'État, système fiscal mondial) s'articulent autour d'une dure réalité : au cours des dernières décennies, nos gouvernements, influencés par les géants de l'industrie, et les super-riches ont configuré nos systèmes fiscaux de sorte que les désirs des plus fortunés passent avant les besoins de tous les membres de la société », interpelle Tax Justice Network[9] dans un rapport éloquent, s'appuyant sur les déclarations, pays par pays, des flux financiers publiés par l'OCDE.

Bernadette Ann-Marie O'Hare, chercheuse universitaire britannique, a démontré en septembre 2019, dans un article

9. « Justice fiscale : état des lieux. 2020 – La justice fiscale à l'ère du Covid-19 », rapport publié en novembre 2020 par Global Alliance for Tax Justice, Public Services International et Tax Justice Network.

publié par l'OMS, que, dans 100 pays, les revenus perdus pour cause d'évasion fiscale des entreprises sont supérieurs aux dépenses de santé des gouvernements. « Les dépenses annuelles de santé des gouvernements, démontre-t-elle, pourraient passer de 8 dollars à 24 dollars par personne dans les pays à faibles revenus et de 54 à 91 dollars dans les pays à revenus faibles intermédiaires. »

En France, ainsi, combien de milliards manquent à la case recettes de notre budget national ? Si Bercy part à la chasse aux fraudeurs sur les réseaux sociaux, que fait-il contre les entreprises, sociétés-écrans ou fictives, titulaires de simples boîtes aux lettres sur les murs de certains immeubles du Luxembourg ou d'ailleurs ?

La pandémie nous met au défi. Nous sommes à ce point de non-retour entre une société de concurrence et de solitudes numériques et une société de solidarité, de valeurs en partage. Nous avons choisi notre combat. Notre mobilisation collective peut changer ce monde.

III

Retour vers un État volontaire

« De quoi parle l'économie ? Du partage.
Du partage de la richesse.
Qui regarde le gâteau, qui tient le couteau ? »

Bernard Maris[1]

Quel désespoir a pu ronger, dans les derniers jours de sa vie, Val Curtis, cette universitaire britannique à qui les hôpitaux de son pays n'ont pu apporter les protocoles thérapeutiques dont elle avait besoin ? Une politique délibérée de sous-investissements l'a condamnée, victime directe d'un système où les services publics ont été l'objet d'une entreprise de démantèlement.

Le virus de l'ultra-libéralisme a détruit les connexions les plus élémentaires de la solidarité, de la protection des citoyens. Combien de victimes a-t-il fait ? Outre-Manche ?

1. Économiste, écrivain, journaliste, assassiné le 7 janvier 2015 dans les locaux de *Charlie Hebdo*. Extrait de *Antimanuel d'économie*, Bréal, 2020.

Outre-Atlantique ? Et dans notre propre pays, où les coupes répétées dans les budgets de la médecine publique ont conduit à une intolérable situation ?

En France, 103 000 lits d'hôpital ont été supprimés entre 1993 et 2018. Le taux d'occupation très élevé n'a laissé qu'une marge faible pour faire face à la gestion de l'imprévu. Tous les soignants, des médecins aux plus modestes acteurs de l'hôpital, l'ont expliqué. La pandémie a dramatiquement mis en lumière les faiblesses de notre système. Chez nous aussi, le report d'opérations, le « tri » de malades pour faire face à l'urgence témoignent de l'impact du virus libéral qui infecte les schémas de décision. Combien d'injustices à son passif ? Axel Kahn, médecin, chercheur, généticien, avait estimé en mars 2021 que le cancer ferait 10 000 morts de plus dans l'année en raison des reports de traitement !

Dans ce monde « nouveau » que les vagues de la pandémie nous poussent à inventer, la nécessité se confirme d'un État garant de services publics puissants, capables d'anticiper les besoins d'intérêt général, capables d'apporter à chacun éducation, soin, protection. Un État garant de la solidarité universelle.

L'État, garant de la solidarité

La pandémie amène à porter un nouveau regard sur cet espace « naturel » de solidarité qu'incarnent l'État et les collectivités publiques. C'est vers eux que se tournent citoyens, entreprises, associations pour imaginer des réponses et leur demander de mettre en œuvre des solutions face aux défis que la crise impose.

Depuis le printemps 2020, un spectaculaire retournement a été observé : l'idée d'un État providence a retrouvé cette place que le libéralisme triomphant, l'individualisme numérique effervescent semblaient devoir saper sans relâche. La pandémie a bousculé les certitudes d'un capitalisme soudain horrifié par ses propres contradictions.

En 2008, lors de la crise financière, les acteurs économiques, les banques dans ce cas, toujours décidées à privatiser les profits mais à nationaliser les pertes, s'étaient tournées vers l'État pour crier au secours. Il en est de même en ce temps de crise mondialisée. L'État se retrouve en première ligne comme seul garant possible de la pérennité de la vie sociale et économique. La demande d'un État plus protecteur face à ce petit animalcule qui menace nos vies, infléchit la course du monde, l'accès aux marchés, bouscule les prévisions économiques.

Face au vide, face aux risques d'une implosion généralisée, l'État, les États ont réaffirmé leur utilité sociale et économique. Certes, ce retour ne se joue pas partout dans le monde sur les mêmes critères, ne s'appuie pas toujours sur les élémentaires fondements démocratiques. Quel que soit le régime en place, les libertés élémentaires ont pâti des programmes de lutte contre le virus et ses conséquences.

Mais qui d'autre que l'État pour mettre des milliards sur la table et engager des mesures de survie et de protection ? On débattait hier sur l'inéluctable réduction de la place de l'État dans une économie numérisée et mondialisée, mais le voilà devenu – redevenu ? – pompier, régulateur de l'économie. Par ces temps d'orages et de tempête, le voilà réinvesti capitaine au long cours. À lui, la barre ! L'idée d'une société, simple agrégat d'individualités numérisables, capables de s'assurer seules en opposition à celle d'un État trop lent, trop lourd, trop dispendieux et liberticide, s'est évaporée.

C'est l'État qui « réglemente » nos modes de vie en ces temps de crise, signe les plans de relance pour sauver l'économie, finance le chômage partiel, les reports de charges, l'indemnisation des indépendants, et gère, cahin-caha, les besoins sanitaires, la distribution des vaccins. Pas d'erreur de guichet pour les appels au secours. C'est bien vers l'État qu'ils ont été lancés. Et le voici, l'État, balayant ses propres règles, hier sacrées, visant la limitation des dépenses publiques.

Virus, virus, mon bon ami, les milliards sont de sortie ! Ce qui hier était impossible, irraisonnable, sacrilège, devient la norme. Qu'importe le déficit budgétaire ! Qu'importe la dette ! « Quoi qu'il en coûte », a tranché le président de la

République. Voici, en quelque sorte, un virus magicien qui « efface » tous les discours libéraux sur le déficit budgétaire, sur la dette et ses conséquences. Le traité de Maastricht et son dogme de la limitation à 3 % du déficit budgétaire ont volé en éclats.

Ainsi, quand le besoin devient urgence vitale pour le système, la dette n'existe plus et l'argent peut fleurir sur les lignes de comptes des banques centrales, que l'on soit à Francfort, à Londres ou à Washington. Le constat vaut pour de nombreux pays. Baisse des taux, rachats d'emprunts, injections dans le système bancaire : une riche panoplie de mesures financières s'est déployée pour protéger et maintenir à flot le système. Acteurs centraux de ces manœuvres, les États. La crise les remet en selle, garants historiques ! Étonnant retournement, mais fragile victoire pour des États, toujours contestée par les tenants du libéralisme, contournée autant par la finance assoiffée de dérégulation que par les multinationales acrobates de la défiscalisation, les deux associées par les liens du profit.

Cet épisode de notre histoire, dont chacun perçoit l'acuité, ne peut rester sans conséquences. Il vient illustrer la valeur du combat que nous menons, d'un retour à l'indépendance des États vis-à-vis des marchés financiers qui leur imposent lois et codes de conduite. L'histoire, antique ou moderne, a démontré que cette reprise en main est une option toujours à portée de volonté. S'il en décide, le politique peut reprendre ce contrôle, refuser les diktats de la finance… et entraver ce libéralisme qui irrigue aujourd'hui la société et détruit ce qui en fait la grandeur, son humanité.

La demande d'un État plus protecteur, d'un partage des richesses, l'exigence d'une politique mondiale qui permette à tous les peuples d'accéder à des conditions de vie, de démocratie, de santé, d'éducation, de justice décentes doit être satisfaite.

Le temps est venu de réarmer l'État, de lui rendre la maîtrise de ses finances abandonnées aux prescriptions de ses créanciers et aux logiques d'une mondialisation libérale qui permet et organise l'évasion fiscale. Au cœur du sujet, ainsi, s'affiche toujours cet incontournable défi : faute de ces revenus que lui extorquent les multinationales mondiales et les exilés fiscaux de tout acabit, l'emprunt sur les marchés financiers s'est imposé comme une des principales recettes des budgets, à égalité avec les recettes fiscales.

Le budget 2021 de la France illustre cette architecture. « S'il n'y avait pas d'évasion fiscale, il n'y aurait pas de problème d'équilibre des finances publiques », observe Dominique Plihon, professeur d'économie financière à l'université Paris-XIII et porte-parole d'Attac France.

L'ancien magistrat Renaud Van Ruymbeke, qui eut à connaître, comme juge d'instruction, les dessous et desseins noirs du monde des affaires, confirme cette ressource : « C'est un scandale ! Il n'y a jamais eu autant d'argent sale dans les paradis fiscaux. Et on n'a jamais eu autant de déficit. Je dis aux États : allez chercher l'argent, il est à nos portes[2]. »

La dette, une marchandise

La dette est-elle aujourd'hui devenue un danger ? Oui, dans la mesure où elle symbolise et manifeste l'asservissement croissant à la finance. Qui donc détient le pouvoir, qui dicte la loi ? Celui qui ouvre ou ferme les cordons de la bourse ; en clair, les marchés financiers. La dette, maintenant présentée comme une menace, une catastrophe rendant fatale l'acceptation de l'austérité sociale et budgétaire, est à ce moment précis de l'histoire le fruit d'une tactique souveraine, l'État prenant parti pour « le Marché » en invoquant la vertu disciplinaire des taux d'intérêt censés conduire au respect des équilibres budgétaires fondamentaux.

Pour saisir l'acuité de cette situation et la nécessité de rendre à l'État, à la République, ce pouvoir que confère la démocratie, un soupçon d'histoire est nécessaire.

Après la Seconde Guerre mondiale, durant la séquence des Trente Glorieuses, notre pays a satisfait ses besoins en argent frais grâce au « circuit du Trésor », alimenté par l'épargne des Français collectée par la Banque de France.

2. *Mémoires d'un juge trop indépendant*, Tallandier, 2021.

Une grande partie du financement de l'État était obtenue *via* des mécanismes réglementaires qui contraignaient un ensemble d'acteurs économiques à placer leurs avoirs, en partie ou en totalité, dans un compte au Trésor. Jean-Yves Haberer, inspecteur des finances et directeur du Trésor de 1978 à 1982, décrit parfaitement le fonctionnement de ce dispositif : « Tous ces mécanismes automatiques faisaient que le Trésor, sans bouger le petit doigt, était irrigué de liquidités qui lui arrivaient de tous les circuits financiers. »

Dans les années 1980, la France se trouvait à contre-courant d'un mouvement mondial impulsé par le néo-libéralisme. Il fut symbolisé par l'avènement de Margaret Thatcher au Royaume-Uni et de Ronald Reagan aux États-Unis, deux apôtres zélés de la révolution conservatrice. Il fallait désormais laisser toute la place au marché... En France, même si la « gauche » avait accédé au pouvoir en 1981, le virage fut pris par les gouvernements en place et la haute administration de notre pays.

Le « circuit du Trésor » fut englouti dans les circuits financiers privés mondiaux, la dette publique devint dès lors une marchandise. L'État fut désormais mis sous tutelle des marchés de capitaux globalisés, et sans cesse contraint de fournir les preuves de sa capacité à prévoir et à provisionner dans le budget national le remboursement des dettes anciennes et nouvelles.

Ainsi, l'État se finança sur les marchés et non plus auprès de la Banque de France. Notre pays entra dans le mouvement mondial de financiarisation de l'économie. Changement d'époque et de paradigme.

L'adoption du traité de Maastricht, en 1992, marqua un autre tournant décisif. Son article 123, traitant du financement des États, posa de nouvelles règles. « Il est interdit aux banques centrales, européennes et nationales d'accorder tout type de crédits aux organismes publics des États membres de l'Union et d'acquérir directement auprès d'eux des instruments de leur dette », stipule le traité.

Comment, alors, la France a-t-elle couvert ses besoins ? En 2001, une Agence France Trésor, l'AFT, fut créée pour organiser le financement par l'emprunt de l'État et sa trésorerie. Un processus que résume Philippe Mabille, l'éditorialiste de *La Tribune* : « Qu'est-ce que l'État a fait ? Il a mis sa dette sur le marché. L'État, en tant que principal agent endetté, a finalement créé la nourriture terrestre dont les marchés ont besoin. C'est-à-dire de la dette. »

À l'agence de gérer cette dette. Dès cette époque fut établie une liste d'établissements privés habilités par le ministère des Finances à se porter acquéreurs de la dette française.

Ce sont les spécialistes en valeurs du Trésor, les SVT, quinze établissements, adoubés par Bercy tous les trois ans, parmi lesquels figurent quatre majors français (BNP Paribas, Crédit agricole, Société générale et Natixis), deux Allemands, trois Britanniques, cinq Américains et un Japonais. Tous ont signé une charte déontologique, mais cela n'empêcha pas l'un d'eux, la banque américaine Morgan Stanley, d'être condamné par la commission des sanctions de l'Autorité des marchés financiers (AMF) en décembre 2019 à une amende de 20 millions d'euros. La banque était accusée d'avoir manipulé le prix de la dette de l'État français en 2015. Déontologie ? Éthique ? Des spécialistes, en effet !

Mais revenons au marché. Une fois que les SVT ont acheté des « obligations », les titres de dettes, ils les revendent à leurs clients qui les cèdent ensuite à leurs propres clients. C'est le marché secondaire. À chaque opération, évidemment, les intermédiaires prélèvent une commission.

L'opacité des détenteurs

Ce marché secondaire se révèle telle une porte vers l'inconnu, le monde opaque des acheteurs de la dette. Les fonds de pension américains, asiatiques, des banques centrales figurent au premier plan. Les rachats par la Banque centrale européenne ont modifié l'équilibre. Aujourd'hui, la dette reste détenue à 51 % par des étrangers, le solde par la Banque de France, les assureurs, les banques commerciales.

Lors d'une mission d'information menée à l'Assemblée nationale en 2015 sur la dette souveraine des États de la zone euro, le constat avait été fait que l'État était incapable d'identifier les détenteurs finaux de ses titres. Ce n'est pas rien, car ces titres changent de main chaque jour pour un volume de 10 milliards d'euros. « La rapidité avec laquelle les titres sont échangés et l'internationalisation des marchés, avec de nombreux intermédiaires, compliquent la recherche », estimait la mission d'information de l'Assemblée.

À la question de savoir si notre dette pouvait être logée dans les paradis fiscaux, l'Agence France Trésor expliqua : « Les investisseurs n'aiment pas dévoiler leurs positions sur le marché pour des raisons dont certaines me semblent légitimes… » Certaines ? Et les autres ? Et de poursuivre : « Il faudrait demander aux investisseurs d'où vient l'argent qu'ils placent, il est évident que certains ont quelque chose à cacher. » Tous les experts auditionnés par les parlementaires avaient reconnu que la dette pouvait se retrouver sur des comptes offshore établis dans des paradis fiscaux !

La boucle est bouclée. Les évadés fiscaux ont la capacité de sécuriser leurs avoirs dans les paradis fiscaux en investissant dans les titres de dette d'État. Comble du comble, l'État a lui-même pris des dispositions légales pour ne pas identifier ses créanciers et leur garantir l'anonymat. Question : El Chapo, empereur des narcotrafiquants, à l'ombre pour l'heure, mais toujours influent grâce à ses milliers de comptes offshore, est-il l'un des créanciers de notre pays ?

Rendre à l'État sa place, c'est aussi lui rendre les moyens de ne plus dépendre de ces marchés financiers dont les circuits cultivent l'opacité. C'est réduire la dépendance à ces marchés financiers pour qui la dette des États, la nôtre par exemple, est un pur produit de spéculation, marchandise soumise aux lois de prêteurs en quête des plus juteuses combinaisons, à l'abri des fiscalités démocratiques.

L'abolition de ce privilège indu que constitue l'évasion fiscale fournirait les ressources qui manquent à l'État. Reste à imposer une volonté à nos gouvernants de s'y atteler. L'OCDE, dont les petits pas dans la concertation internationale n'ont pas produit les effets escomptés, a échoué. Jean Ziegler, expert auprès de l'ONU, le remarque ainsi : « La nouvelle convention de l'OCDE qui a imposé l'échange automatique des informations fiscales semble inopérante face aux pratiques des riches oligarques[3]. »

L'eldorado des paradis fiscaux n'a donc rien perdu de ses charmes. Même au cœur de l'Europe, où le Luxembourg, les Pays-Bas, l'Irlande préservent leurs outils de prédation. Et qu'en sera-t-il demain quand, à quelques encablures de notre continent, outre-Manche, les conseilleurs fiscaux pourront compter sur les atouts d'un Singapour-sur-Tamise, lessiveuse

3. Hors-série « Les secrets d'un système », *L'Humanité*, octobre 2018.

à capitaux, et sur la discrétion d'un chapelet de ports francs pour masquer trésors et œuvres d'art à l'abri du fisc ? Le gouvernement libéral en place est passé aux aveux. Il est capable de tout entreprendre pour garder intact le pouvoir d'attraction de ce trou noir de la finance, maquillé et vorace, la City. Ce pouvoir d'attraction s'appuie aussi sur la puissance diplomatique du réseau de l'ancien Empire britannique. Celui-ci est incarné aujourd'hui par le Commonwealth, avec 53 pays pour une population de 2,2 milliards d'habitants. Récemment, de nouveaux pays ont sollicité leur adhésion dont, par exemple, le francophone Gabon, soucieux d'intégrer les rouages de l'économie mondialisée… anglophone !

OpenLux ! Une des dernières enquêtes de l'ICIJ[4] (publiée en février 2021) a permis d'ouvrir une porte supplémentaire sur l'univers souterrain de la finance mondiale en ciblant le Luxembourg. Grâce au registre des bénéficiaires effectifs des sociétés localisées dans le Grand-Duché, un registre libre d'accès, il a été possible aux journalistes de mettre en évidence le détournement des dispositifs légaux pour payer le moins d'impôts possible. Personnes physiques et entreprises sont citées dans cette enquête démontrant la pérennité, contre vents et marées, des sociétés offshore au Grand-Duché. Cet État, membre fondateur de l'Europe, cultive sans vergogne son statut

4. Consortium international des journalistes d'investigation.

de paradis fiscal parmi les tout premiers de la planète. Tant que l'Europe tolérera ce séparatisme, elle ne pourra revendiquer la défense de l'unité d'un continent et de l'intérêt de ses peuples.

L'après-Brexit, bonne anticipation !

La rédaction de notre livre *Sans domicile fisc* s'est achevée au cœur de l'été 2016, au moment où le peuple britannique venait de décider, par référendum, de quitter l'Union européenne. Nous avions jugé alors qu'un tel départ serait une belle opportunité offerte à la City et à ses financiers de s'affranchir des quelques modestes contraintes de la régulation financière européenne. Depuis cette décision de rupture, Boris Johnson, Premier ministre britannique, a annoncé la future création d'une dizaine de ports francs au Royaume-Uni. L'objectif de telles structures, inspirées des pratiques de Singapour, est bien évidemment d'alléger la charge fiscale et de simplifier les formalités douanières lors des importations d'œuvres d'art ou d'objets de très grande valeur. Ce projet valut à Londres le surnom de « Singapour-sur-Tamise ». L'accord entre le Royaume-Uni et l'Union européenne en vue du Brexit n'évoque que très peu la question des services financiers. Selon Richard Murphy, de l'ONG Tax Justice Network, cet accord est « un cadeau pour les particuliers et les entreprises qui fraudent le fisc ».

La gestion de la dette s'impose aujourd'hui dans l'actualité et la préparation de l'après-crise. Elle va constituer une clef de voûte des politiques publiques à venir. Nous reviendrons plus bas sur les propositions et options que nous mettons sur la table quant à la gestion de la dette. Sa charge ne saurait être supportée par les plus modestes contribuables de notre société ni être le prétexte à la mise en œuvre de politiques visant à réduire la dépense publique et donc amputer de leurs moyens les services publics qui ont démontré leur utilité durant la pandémie.

Les vaccins, biens communs

La nécessité de rendre à l'État toute sa force comme seul représentant et dépositaire de l'intérêt du peuple – qui lui a accordé son mandat – prend un relief particulier dans la lutte inachevée contre la pandémie. Il s'agit de l'accès aux vaccins.

L'État, les États doivent être les maîtres du jeu. Nous militons contre les effets d'un droit « dépassé » qui laisse aux monopoles privés le bénéfice des vaccins, anti-Covid en premier lieu aujourd'hui. La solidarité planétaire, valeur naturelle, impose d'autres voies. D'autant que les grands groupes industriels pharmaceutiques, dénommés les « Big Pharma », utilisent ces circonstances historiques pour booster leurs profits.

Connaissez-vous Jonas Salk ? Peut-être pas… Ce biologiste américain, disparu en 1995, eut une attitude tout à l'opposé de celle d'un Albert Bourla, astucieux PDG de Pfizer. Ce dernier connaissait-il Jonas, découvreur voici près de soixante-dix ans du vaccin contre la polio ? Ce bactériologiste fait partie de ces héros méconnus dont aurait à s'inspirer le patron de Pfizer. C'était en 1953 : le vaccin commença d'être produit immédiatement par les labos. Jonas Salk choisit de ne pas breveter sa découverte afin de rendre plus abordable le remède dont avaient besoin des millions de patients à travers le monde. Quand on lui demanda lors d'une interview télévisée à qui appartenait le brevet de ce vaccin, il répondit : « Eh bien… Au peuple, je dirais. Il n'y a pas de brevet. Pourrait-on breveter le soleil ? »

Aucun des découvreurs des nouveaux vaccins contre la Covid n'a imaginé s'en tenir à cette référence. Dans la course aux milliards, les laboratoires pharmaceutiques visent d'abord la bonne santé de leurs actionnaires plutôt que celle de leurs lointains patients. Si l'on imaginait que, contre la pandémie, un vent de générosité, de solidarité bien comprise pouvait animer le petit monde des Big Pharma, la déconvenue est à la hauteur du rêve.

Aujourd'hui, pas question de renoncer aux hyperprofits ! La loi du marché s'applique, nulle interruption dans la course aux dividendes. Si la priorité, c'est naturellement celle de la vie humaine, celle qui s'affiche, avec morgue, c'est celle de l'argent. Puissamment aidés par les fonds publics, les laboratoires, Pfizer au premier chef, ont battu tous les records de vitesse en mettant au point des molécules salvatrices. Même le patron de Moderna Therapeutics, le Français Stéphane Bancel, a confié que son vaccin avait été « fait en deux jours, sur ordinateur[5] ».

Bravo ! Il faut saluer la prouesse des biologistes, des médecins, des ingénieurs qui ont élaboré ces formules. Le jeu en vaut la chandelle ! Pfizer a prévu un chiffre d'affaires de 15 milliards de dollars incluant une marge de 4 milliards, soit 2 dollars par dose vendue. Belle perspective !

Quant à la multinationale à consonance française, Sanofi, elle est moins véloce. Notre étoile nationale du CAC 40 s'est révélée moins performante. Ce vaccin « tricolore » dont les essais sont en cours ne serait disponible qu'à la fin de cette année 2021 ? En revanche, dans la course aux dividendes, le groupe n'est pas si mal placé. Le laboratoire a annoncé début 2021 une progression de 340 % de son bénéfice. Ainsi, le laboratoire a réalisé l'année dernière 12,3 milliards d'euros de bénéfices, contre 2,8 en 2019 ! Sanofi, Sanofric... Toute honte bue, le conseil d'administration, pas encore vacciné contre le virus de l'argent pour l'argent, a proposé la hausse des

5. « Si tout se passe bien, nous aurons un vaccin pour une utilisation généralisée à l'hiver 2021-2022 », *Libération*, 19 mars 2020.

dividendes, soit le versement de 4 milliards d'euros, alors que dans le même temps des suppressions d'emplois sont en cours.

Autre question décisive, celle mettant en regard le monopole privé des laboratoires et la situation sanitaire de la planète. « Pas de profit sur la pandémie », a revendiqué le secrétaire national du Parti communiste français, Fabien Roussel, demandant que « la santé et le bien-être de l'homme s'imposent comme seule priorité ».

L'urgence sanitaire mondiale rend nécessaire une procédure publique pour obliger les laboratoires à transmettre le contenu de leurs brevets. Et d'assurer les transferts de technologies associées. La loi fixe aujourd'hui le délai à vingt ans. La protection de tous les peuples exige une redéfinition de cette propriété intellectuelle : les vaccins sont des biens communs.

« Il ne doit pas y avoir de concurrence sur les vaccins, remarque Fabien Roussel. Sans secret industriel, chaque pays pourrait décider de se saisir de ces vaccins pour qu'on puisse les produire en nombre et que tous les peuples du monde y aient accès de la même manière. Ce n'est pas le cas aujourd'hui. » Ce partage mondial est nécessaire : « Le monopole et la pénurie des vaccins qu'il engendre sont injustes parce qu'ils créent de fait des hiérarchies entre les êtres humains, constate le médecin psychiatre franco-brésilien Carlos Parada[6]. Ils séparent et distinguent les riches des pauvres, les jeunes des vieux, les soignants des éducateurs, les travailleurs des sans-droits, les nations puissantes des autres, etc. » Et cet expert de rappeler que le Brésil et l'Inde avaient distribué gratuitement le générique de l'AZT pour enrayer l'épidémie du sida.

La lettre ouverte signée par 170 personnalités mondiales, dont des anciens chefs d'État, des scientifiques, des prix Nobel, adressée à l'Organisation mondiale du commerce pour accorder une dérogation temporaire aux droits de propriété sur les vaccins, est à ce jour restée lettre morte. Y accéder permettrait à n'importe quel pays de produire les vaccins dont a besoin sa population. Soutenue par des dizaines de pays en développement ou défavorisés, la proposition s'est heurtée à l'opposition des pays développés qui hébergent les sièges des grands groupes pharmaceutiques ! Toutefois, contrepoint de poids, Joe Biden a choisi au cours du printemps 2021 de changer de pied... ou de communication, et d'appeler à la levée temporaire des brevets !

Refusons l'égoïsme dont font preuve les pays riches et leurs entreprises pharmaceutiques. « Celles-ci, stigmatise le directeur de l'Organisation mondiale de la santé, Tedros Adhanom Ghebreyesus, recherchent l'approbation réglementaire dans les pays riches où les bénéfices sont les plus

6. « Les vaccins contre le Covid-19 sont un bien commun, ils ne peuvent appartenir à personne », *Le Monde*, 3 février 2021.

élevés, plutôt que de soumettre des dossiers complets à l'OMS… Ces agissements ne feront que prolonger la pandémie et les souffrances humaines, ainsi que les restrictions nécessaires pour la contenir. »

Appui de ces prises de position et initiatives, la pétition[7] mondiale a été lancée pour demander la suspension des brevets et une accélération de la diffusion du vaccin. Plus de 1,2 million de signatures ont été recueillies : celles de Muhammad Yunus, prix Nobel de la paix, comme de Peter Gabriel, de Sharon Stone, de George Clooney.

Les vaccins sont comme le feu, la roue ou l'imprimerie, ce sont des avancées du génie humain. Leur universalité s'impose. Ils sont une forme heureuse du progrès dont toute l'humanité doit bénéficier.

L'heure est à la construction d'un monde nouveau où l'injustice, sanitaire au premier chef, recule. La pandémie nous offre ce choix, celui de penser à une reconstruction de manière globale. L'esprit de cette attention aux pays les plus démunis est partagé par tous les responsables de bonne volonté, hommes politiques ou militants d'ONG : la solidarité est un investissement dans la paix du monde.

Dans un tableau des prévisions de croissance pour l'année 2021, le FMI observe la reprise à plusieurs vitesses,

---

7. https://secure.avaaz.org/campaign/fr/peoples_vaccine_2021_loc/?cxBYfcb

différenciant les pays développés des pays émergents et souligne, entre autres, « un accès aux vaccins profondément injuste » puisque les pays à hauts revenus ont précommandé la moitié des doses, offrant ainsi la possibilité de lever plus rapidement les restrictions sanitaires et d'engager une reprise plus hâtive.

Quels sentiments viendraient à ces pays en quête de développement si les vaccins leur restaient inaccessibles ? Ce serait un immense aveu de faiblesse, une source d'incompréhension. Cette violence faite aux peuples déshérités ne ferait qu'engendrer d'autres violences. Cet échec supplémentaire, aussi sanitaire que moral, confirmerait le nouveau variant d'une démonstration que l'intérêt économique immédiat passe avant la santé des peuples.

Le programme international Covax, pour fournir des doses aux pays les plus démunis, reste insuffisant. Au printemps 2021, seuls 2 % de la population des 92 pays concernés ont pu bénéficier de ces livraisons.

Comment ne pas imaginer les conséquences de vaccins refusés, *de facto*, aux pays pauvres ! Les aider à se protéger est une obligation morale, mais c'est aussi un « investissement », le seul moyen d'endiguer la pandémie, d'éviter le retour de variants inconnus, sources de nouvelles vagues chargées d'éventuels variants insensibles aux vaccins actuels ! Le combat est mondial. Hors de cet horizon, point de salut.

Le cabinet McKinsey et la stratégie vaccinale

N'accordant visiblement qu'une confiance limitée à son administration, le président de la République et son gouvernement ont eu recours, au prix fort, aux services de cabinets de conseil privés pour gérer leur stratégie vaccinale. Ce sont entre autres : JLL, dont le siège est à Chicago, Accenture, qui a le sien en Irlande, ou encore McKinsey, le chouchou, avec un siège social basé à Wilmington, dans l'État du Delaware, le fief de l'actuel président des États-Unis, Joe Biden. Le Delaware est un paradis fiscal, même s'il ne figure pas sur les listes noires ou grises de l'OCDE et de l'Union européenne. Il compte 970 000 habitants et 950 000 entreprises y sont déclarées, dont 65 % des entreprises américaines les plus fortunées, alors que deux seulement y ont leur siège. Une société qui détient une boîte aux lettres dans cet État sans y exercer d'activité réelle est dispensée d'impôt sur les bénéfices. McKinsey ne paierait qu'un forfait fiscal symbolique de 175 dollars par an (*Le Monde*, 6 février 2021). Par contre, sa seule prestation pour le gouvernement français lui est rémunérée 2 millions d'euros par mois. Le lien de ce cabinet américain avec l'Élysée n'est pas nouveau ! McKinsey agissait déjà pour le compte de l'État sous Nicolas Sarkozy.

IV

Vivre sous algorithmes, non merci

« Il n'y a point de bonheur sans courage, ni de vertu sans combat. »

Jean-Jacques Rousseau[1]

Autre vaccin nécessaire, celui contre les nouvelles puissances financières ou technologiques qui organisent un nouveau monde ? Quelle molécule contre cette gangrène qui corrode les fondements de nos démocraties, rend impuissants nos États, les aliène par la rente, réduit les peuples à une austérité contrainte pour satisfaire à la gloutonnerie des marchés ? Quel vaccin pour protéger nos pays des dérives d'un monde où le libéralisme, l'individualisme forcené, le sans-contact usurpent l'élégance de vertus premières ? Quel vaccin contre ce que le philosophe Éric Sadin nomme la « silicolonisation[2] » du monde, cette emprise galopante sur nos vies d'algorithmes qui mènent l'être humain vers un statut de quasi-esclave d'un système à visées commerciales ?

1. *Émile ou De l'éducation*, 1762.
2. *La Silicolonisation du monde*, L'échappée, 2016.

Face à ces dérives, aux entraves posées sur le libre arbitre de chacun, nous n'avons pas toutes les solutions et nous ne prétendons pas détenir les formules magiques. Mais nous avons des idées, des analyses à partager, des convictions à exprimer. Notre expérience d'hommes politiques, de militants, nous garde de tout excès d'enthousiasme. Mais elle nous conforte dans la foi en l'homme, dans sa capacité à se mobiliser pour des causes élevées, à se libérer. L'idée – mieux, le projet – d'un monde où chacun apporte sa pierre au bien commun, où l'argent et les technologies nouvelles sont au service de chacun et non d'une oligarchie. Un monde où chacun assume et paie sa juste part. Le temps est venu d'une spirale vertueuse. Comme l'écrit avec humour et pertinence l'économiste Thomas Piketty[3] : « Les milliardaires sont partout dans les magazines, il est temps qu'ils apparaissent dans les statistiques fiscales. »

La crise sanitaire constitue un tremplin du développement de toute l'économie numérique. Rares sont les domaines de la vie sociale ou économique qui échappent à cette nouvelle organisation. Avant la crise de la Covid, chaque minute les réseaux de la planète voyaient filer à la vitesse de la lumière 300 000 tweets, 15 millions de SMS, 204 millions de mails et 2 millions de mots-clefs sur le moteur de recherche Google. Avec l'explosion du télétravail, des visioconférences, des réunions Zoom, ces

3. *Le Monde*, 13 février 2021.

statistiques déjà hallucinantes ont explosé et l'on attend avec impatience le décompte des opérateurs.

La vie confinée, le télétravail, les rencontres, les réunions, le commerce par écrans interposés, mille usages contraints ou recherchés ont boosté la popularité des outils numériques. La pandémie a renforcé l'emprise de l'économie digitale, l'hyperpuissance des multinationales du numérique s'est considérablement accrue. Aujourd'hui, même les réunions de conseils municipaux, les rencontres sportives donnent lieu à une retransmission en Facebook live !

Au-delà du poids économique déjà acquis et démultiplié avec la pandémie se pose la question centrale, quasi philosophique, de la puissance d'influence de ces entreprises. Joëlle Toledano, professeure d'économie à Paris-Dauphine, en fait le diagnostic[4] : « Les GAFA définissent leurs propres règles. » Leurs clients se comptent en milliards. Voilà qui leur donne une capacité d'influence inédite dans l'histoire et modèle un pouvoir exorbitant qui leur permet de passer outre les États.

Les exemples illustrant cette situation ne manquent pas. Google, dont le siège européen se trouve à Dublin, aurait dû, théoriquement, régler 7 milliards d'impôts supplémentaires au fisc français. Après de longues négociations avec Bercy, Google s'est acquitté de sa dette grâce à un

4. *La Voix du Nord*, 21 avril 2021.

simple chèque de 800 millions d'euros, une signature qui lui permet d'échapper à l'infamie d'un procès. *Idem* pour Apple, dispensé par la justice européenne de rembourser l'Irlande. « Selon que vous serez puissant ou misérable, les jugements de cour vous rendront blanc ou noir », nous a appris La Fontaine.

Facebook qui comptait, fin 2020, plus de 2,8 milliards d'utilisateurs, soit plus d'un tiers de l'humanité, envisageait un moment de créer sa propre cryptomonnaie, le « libra ». Aveu d'une volonté de s'imposer comme puissance, d'un projet s'attribuant un symbole de la souveraineté d'État.

Dans les entrepôts d'Amazon, la modernité de la logistique ne se retrouve pas dans celle des rapports humains. L'entreprise y impose sa vision du monde. Les systèmes automatisés, robotisés, règlent la cadence. Et pas question de remettre en cause ce monde numérique où les droits des salariés ne sauraient aller jusqu'à permettre la création de syndicats. Une vidéo destinée aux cadres de la société détaille les recettes pour enrayer la création d'organisations de salariés. On y compare les syndicalistes à des « rats malfaisants ». En avril dernier, l'entreprise a mis le paquet pour faire échouer un vote en faveur de la création d'un syndicat sur le site de Bessemer, en Alabama.

Nous voilà assez loin des images idylliques des innovateurs en tee-shirt où tout le monde est ami de tout le monde et partage ses exploits au baby-foot autour d'une canette de soda. Non, les campus des GAFA sont des machines à dollars et les idoles de la Tech, des assoiffés de domination. Y gravitent avocats, lobbyistes et cabinets conseils pour imaginer les plus juteux montages financiers et comptables leur permettant d'échapper au fisc et aux lois communes.

Autant d'approches qu'analyse Joëlle Toledano en ces termes : « Ces groupes sont si puissants que ce sont eux qui définissent les règles, qui organisent leur modèle économique. Et quand ça les arrange, ces entreprises s'affranchissent de certaines règles en vigueur dans les différents pays où leur activité s'exerce[5]. » Les États sont menacés à terme. C'est la démocratie qui est en jeu !

Quand ces puissances, concurrentes des États, mettent les capacités de leurs réseaux mondiaux au service des marchés et des forces obscures, la désinformation prend la forme d'une autre pandémie. Le risque est majeur. C'est George Orwell qui écrivait : « La dictature peut s'installer sans bruit[6]. »

L'hyper-développement des multinationales du numérique les met aujourd'hui en position d'imposer leurs « systèmes d'exploitation » du monde… Certes, elles délivrent des services appréciés, mais ceux-ci sont à la pêche à la ligne ce que l'appât est à l'hameçon. Le client est au menu.

5. *La Voix du Nord*, 21 avril 2020.
6. *1984*.

Les plateformes numériques assurent le lien entre l'offre et la demande, fournissant à chacun ce qu'il attend, exploitant les profils et les centres d'intérêt pour susciter et diriger les choix. Recette miracle qui maintient sous pression à la fois les individus et les producteurs de biens ou de services. Recette miracle qui se traduit par un business en milliards de dollars.

Tous les aspects de la vie sont aujourd'hui concernés par ces offres séductrices et… intrusives. La santé, la formation, l'information, la culture, les relations sociales, la sécurité, le sport, tous ces domaines de la vie privée sont exploités, marchandisés. L'analyse des traces et profils que nous laissons sur la toile de ces fournisseurs en ligne alimente cette domination tout en souplesse. Ainsi, les GAFA nous asservissent, nous enferment.

Voulons-nous définitivement succomber à cette organisation algorithmique de nos vies, livrer nos âmes aux marchands, rester enfermés dans nos réseaux ? Ces multinationales, aux ressources illimitées, sont engagées dans un projet de suprématie mondiale, supplantant peu à peu les États, les privant de moyens par leurs détournements fiscaux. Cette violence, nous la refusons. La Silicon Valley n'est pas le nombril du monde. Il est toujours du ressort des États de légiférer, de réglementer, de promouvoir le bien commun, de protéger la liberté de penser.

Nous refusons que les États se muent en vassaux de ces multinationales. Ainsi, comment ne pas dénoncer le tapis rouge que l'on déroule à l'Élysée quand leurs patrons viennent y faire œuvre de lobbyistes ?

Nous devons défendre notre libre arbitre et nos valeurs face à l'algorithme du libéralisme, destructeur d'humanité ; un libéralisme qui ne renvoie pas au concept de liberté universelle mais à la liberté de pouvoir d'une oligarchie et de ses vassaux.

DEUXIÈME PARTIE

S'engager pour une finance citoyenne

Remettre l'économie et la finance au service de tous

« Le pouvoir exercé par les oligarques du capital financier mondialisé est aujourd'hui le véritable gouvernement du monde et il fait obstacle au bonheur de la multitude. »

Jean Ziegler[1]

Avec d'autres, économistes, militants, hommes politiques progressistes, journalistes, nous sommes persuadés que notre monde est entré dans le « *money time* », celui où le match se décide ; dans cette heure – minuit moins une – où l'urgence impose les décisions. Le temps des petits pas est derrière nous.

La survie de notre humanité face aux dérives climatiques, à celles de la finance, l'impose. Nos organisations économiques, financières, fiscales doivent se refonder sur des critères de justice et de loyale redistribution. Que notre

1. Expert auprès de l'ONU. Extrait de *Le Capitalisme expliqué à ma petite-fille*, Seuil, 2018.

monde soit fracturé, personne n'en doute. La mondialisation l'avait déjà démontré : avec la pandémie, les inégalités atteignent des records.

Dans *Sans domicile fisc*, nous avions décrypté les mécanismes de l'évasion fiscale, du détournement des richesses par la finance, sociétés multinationales, ultra-riches parmi les riches, fonds d'investissement, spéculateurs de tous poils. Rien n'a fondamentalement changé depuis, ni les faits ni les discours.

Les dix hommes les plus riches du monde – dont Bernard Arnault – ont vu leur fortune totale augmenter de plus de 500 milliards de dollars depuis le début de la pandémie. Une somme qui serait amplement suffisante pour financer le vaccin contre la Covid-19 pour toutes et tous et éviter que quiconque sombre dans la pauvreté à cause de la pandémie.

Oui, il faut agir, persuader et faire pression. Cela dépend de chacun de nous, de notre mobilisation. Nous croyons en la force de la démocratie et de l'engagement citoyen. De notre volonté dépend la réussite de cette nécessaire révolution. Celle vers un monde où la démocratie régule l'équilibre des forces et permet à chaque peuple d'accéder à ce dont il a besoin.

Nos cibles sont les flibustiers de la finance, ces voyous en col blanc, les acrobates de l'évitement fiscal et les allergiques à la finance au service de l'économie réelle. Ils doivent être mis au pas. Ils se présentent comme défenseurs de la liberté d'entreprendre. Oui à cette liberté, mais pas à celle de tricher ; tricher, ce n'est pas la liberté, c'est le non-droit ; c'est revendiquer la loi de la jungle, l'exploitation du plus faible par le plus fort.

La justice dans le partage des richesses s'impose. L'évolution démographique de la planète ne permet pas de s'en détourner : l'humanité comptait 2,5 milliards d'individus en 1950 ; elle en compte 7,7 milliards aujourd'hui ! Et nous pourrions être 9,7 milliards en 2050, dans une génération, et 11 milliards en 2100 ! L'urgence saute aux yeux !

Le FMI lui-même s'exprimait ainsi en juillet 2020 : « Dans le sillage de la crise sans précédent déclenchée par la pandémie, les systèmes fiscaux devraient être réformés... Et les grandes fraudes fiscales réduites afin d'assurer une reprise économique dans laquelle chacun paie sa part[2]. » Le diagnostic est sans ombre. Quelle thérapie sera mise en œuvre ?

Que proposons-nous ? Une approche concrète, idéaliste. Nous ne prétendons pas à l'exhaustivité : voici dix pistes, dix solutions. Nous les soumettons au débat des femmes et des hommes de bonne volonté, quels que soient

2. *ONU Info*, 13 juillet 2020.

leurs sensibilités, leurs engagements. Dans le seul but de changer la mécanique d'un monde qui fracture, qui exclut, qui réduit l'espoir.

Voici dix voies à prospecter, où s'engager !

PISTE N° 1

Une COP fiscale plus que jamais d'actualité

« Il faut rebâtir complètement une société humaine où la compétition sera finalement éliminée. Je n'ai pas à être plus fort que l'autre, j'ai à être plus fort que moi grâce à l'autre. »

Albert Jacquart[1]

Imaginons une COP, inspirée par celle pour le climat mais vouée aux dérèglements de la planète finance, à ses dérives, à la fiscalité inégalitaire : cette idée, nous l'avons émise dès 2016 ! Une COP mondiale, à la mesure d'une ambitieuse perspective, celle de la justice !

Cette idée d'une COP[2] fiscale est celle d'une conférence mondiale mettant sur la table des négociations les enjeux et les besoins de nouvelles règles, le besoin vital d'un consensus fiscal planétaire. Nous l'avions formulée en tant qu'hommes

1. Biologiste et essayiste.

2. COP : abréviation de *Conference of Parties*, menée sous l'égide des Nations unies pour traiter des enjeux de la dérive du climat.

politiques responsables et parlementaires (Alain, désormais député honoraire, et Éric, sénateur), auteurs de rapports[3] sur l'évasion fiscale que les commissions d'enquête de nos assemblées avaient adoptés à l'unanimité.

Face à une finance dont la seule boussole reste la loi du profit maximisé, dans ce monde où la fraude, les compromissions, les trafics travestissent les modes de gestion, il est nécessaire de réinventer des règles, de fixer des normes ambitieuses et de se donner les moyens de les faire appliquer et respecter.

Nous sommes ambitieux et réalistes. Les COP climatiques ne résolvent pas tout : aux laborieux échanges suivent des prescriptions mal respectées. Elles sont pourtant un des meilleurs exemples de coopération universelle. Elles ont le privilège de partager un constat planétaire, d'ouvrir la voie d'une mobilisation collective, de situer un cap que

---

3. – Commission d'enquête sur l'évasion des capitaux et des actifs hors de France et ses incidences fiscales, rapport d'information au Sénat, « L'évasion fiscale internationale, et si on arrêtait ? », Philippe Dominati, président, et Éric Bocquet, rapporteur, juillet 2012.
– Mission d'information pour la Commission des affaires étrangères de l'Assemblée nationale, « Lutte contre les paradis fiscaux : si l'on passait des paroles aux actes », rapport présenté par Alain Bocquet et Nicolas Dupont-Aignan, octobre 2013.
– Commission d'enquête sur le rôle des banques et acteurs financiers dans l'évasion des ressources financières et ses conséquences fiscales, « Évasion des capitaux et finance : mieux connaître pour mieux combattre », François Pillet, président, et Éric Bocquet, rapporteur, octobre 2013.

personne ne peut, sauf à se déclarer indifférent aux observations et conclusions scientifiques, mépriser. Et si elles ne peuvent échapper aux contraintes des géostratégies nationales ou impériales, elles modèlent pourtant une négociation internationale inédite et la rédaction des engagements de chaque État. **Notre objectif est la naissance d'une finance éthique, seule voie de survie pour l'humanité.**

Une COP fiscale, une idée à succès

En 2016, quand nous avons conçu cette idée d'une COP fiscale, nous ne soupçonnions pas qu'elle serait adoptée par l'Assemblée nationale sous la forme d'une « Résolution européenne pour une Conférence des parties de la finance mondiale, l'harmonisation et la justice fiscale ». Elle invitait la France, son gouvernement, à prendre l'initiative d'une grande conférence internationale de la finance, l'harmonisation et la justice fiscale.

Ainsi se confirmait la puissance d'une idée reconnue par un vote du Conseil économique social et environnemental demandant « l'installation d'une COP pour définir des règles internationales pour empêcher que les entreprises utilisent les failles législatives ». Plusieurs ONG saluèrent aussi cette proposition : Oxfam, soulignant le besoin d'un « organisme fiscal intergouvernemental sous l'égide des Nations unies », et toutes les associations ou ONG fédérées au sein de la Plateforme Paradis fiscaux et judiciaires, marquant le besoin d'associer dans une « gouvernance mondiale les pays en développement les plus impactés par l'évasion fiscale ».

Sans doute l'honneur pour la France, pays des Lumières et des droits de l'homme, d'avoir adopté pareil concept n'a pas été assez pris en compte. Notre pays s'était déjà fait remarquer lors d'une Conférence sur le financement et le développement tenue à Addis-Abeba, en faisant pression avec les membres de l'OCDE pour ne pas adopter la priorité de création d'une telle instance intergouvernementale.

Une initiative présidentielle ?

Aux États d'être à l'initiative de cette COP fiscale. Il appartient aux responsables politiques de prendre la main ! À la France, à l'Europe d'ouvrir le chemin. Cette COP pourra figurer au programme d'un futur président de la République. Quel candidat inclura la COP dans son programme ? Depuis 2017, que de temps perdu ! On aurait pu croire que, fort des appuis de l'Assemblée nationale, du CESE, de diverses ONG, celui qui était nouveau président de la République s'emparerait de cette vision, de ce projet pour le populariser dans le monde. Il n'en a rien été. Et pour cause ! Qui donc l'a fait roi ? La finance gouverne.

L'initiative au printemps du nouveau président des États-Unis de proposer une réévaluation mondiale de l'imposition des entreprises peut être considérée comme une alerte significative et la reconnaissance de cette nécessité d'une gouvernance fiscale mondiale. À nos gouvernants, aujourd'hui et demain, français, européens pour commencer, l'honneur et la responsabilité de s'engager eux aussi.

Ce projet de COP est porteur d'un avenir nécessaire. Il ne remet pas en cause certaines avancées obtenues, ou en cours de négociation, dans le cadre de l'OCDE. Mais ces mesures, adoptées par ce club des pays les plus riches de la planète, restent frileuses, technocratiques, et n'incluent pas suffisamment les attentes des pays les plus pauvres. Ceux-ci ne sont pas directement associés aux discussions des pays les plus riches. En témoigne la requête/proposition de la présidence équatorienne du G77 (134 pays en voie de développement), en février 2017, à Quito, de créer « une nouvelle gouvernance mondiale en matière de fiscalité, de lutter contre les paradis fiscaux et d'établir un nouvel ordre fiscal international, dans le respect des droits humains[4] ».

4. « La présidence équatorienne du G77 : Une opportunité pour le mouvement en faveur de la justice fiscale », AlterInfos.

Les travaux de l'OCDE, inspirés par les pays les plus développés, les plus riches, ont montré leurs limites. Les derniers chiffres de l'évasion fiscale les ont dessinées. L'opportunité se présente de passer la main à l'ONU sur le sujet, en accord avec les opinions publiques des plus grands pays qui ont montré leur attachement à cette nouvelle orientation.

Le comité technique sur la fiscalité au sein de l'organisation internationale travaille déjà sur des formules mondiales d'imposition des multinationales. La porte est donc ouverte pour pousser le dossier sur la table de cette instance où tous les pays du monde ont accès à la tribune. Déjà, souligne Alex Cobham, directeur de Tax Justice Network, « une convention sur la fiscalité prend forme. Ce serait un outil unique pour s'attaquer, dans le monde entier, aux paradis fiscaux, aux abus fiscaux des multinationales et aux autres flux financiers illicites. Ce n'est plus seulement un rêve ».

Le modèle du capitalisme ultralibéral – qu'on cherche à nous imposer – prospère avec l'idée d'une croissance sans limites. On en perçoit la réalité : face aux gagnants, aux spéculateurs, aux agiles fraudeurs, aux artistes de l'optimisation, à leurs complices des cabinets conseils bien-pensants, combien de millions, de milliards de perdants, classes moyennes de tous les pays, de vaincus du système, enfants des mines des pays du Sud, petits paysans, ouvriers exploités des cultures industrielles, victimes des guerres, pauvres de toute nationalité, privés de logements, sans eau potable, sans accès à la santé, hors de portée des vaccins ?

L'empreinte du libéralisme qui fracture notre monde est désespérante.

Bâtir une mondialisation heureuse

C'est face à ces constats que la COP fiscale doit imaginer les nouvelles conditions d'une mondialisation heureuse. « Il n'y a plus d'excuse à l'absence d'actions contre les inégalités », expliquait le pape François en février 2020, s'adressant à de grands banquiers mondiaux et à des responsables politiques.

C'est le programme d'une COP que de formuler ces nouvelles recommandations. Toutes les nations du monde s'y exprimeraient pour bâtir le nouvel esprit mondial d'une culture de la coopération et de la solidarité. Il s'agirait ainsi de fonder les bases d'une nouvelle architecture financière mondiale. Rêve insensé ? Non, à ne point s'atteler à la tâche ; à ne point semer, on se prive, à coup sûr, d'une récolte…

La pandémie a montré la faiblesse de notre monde à l'image d'un colosse « aux pieds d'argile ». La course à la rentabilité, au profit, a débouché sur une destruction accélérée de la nature, avec des conséquences sanitaires, sociales, touchant au premier chef les plus faibles. Une COP fiscale sera le lieu d'une recréation d'un monde avec la liberté, la démocratie et le bien-être des hommes comme uniques repères de son équilibre. Dans cette dynamique vertueuse, il s'agit de poser des principes et de refonder les outils d'une coopération financière et fiscale internationale. La sortie de cette guerre sanitaire, fin de pandémie, constitue une opportunité à saisir. Quitte à nous répéter, osons. L'occasion ne peut être perdue. Mobilisons-nous. Notre monde a besoin d'un environnement préservant les intérêts de tous les peuples, favorisant une économie et une finance au service des hommes et non des spéculateurs. Quel signal à l'humanité si une première COP fiscale se tenait dans un des pays les plus pauvres du monde ! Le choix est vaste.

PISTE N° 2

Créer une Organisation mondiale de la finance

« Le XXIe siècle, alors qu'il maintient un système de gouvernement propre aux époques passées, est le théâtre d'un affaiblissement du pouvoir des États nationaux, surtout parce que la dimension économique et financière, de caractère transnational, tend à prédominer sur la politique. Dans ce contexte, la maturation d'institutions internationales devient indispensable, qui doivent être plus fortes et efficacement organisées, avec des autorités désignées équitablement par accord entre les gouvernements nationaux, et dotées de pouvoir pour sanctionner. »

Pape François[1]

L'humanité, les peuples ont besoin d'un ordre financier refondé, mondial et solidaire. Nous vivons la fin d'un cycle, celui ouvert à la fin de la Seconde Guerre mondiale avec le traité de Bretton Woods. La crise, la déconnexion entre finance et économie réelle démontrent la nécessité d'instaurer un nouveau mode de régulation du système financier mondial.

1. Encyclique sur l'écologie, *Laudato si'*.

À l'image de cet accord inspiré alors par les tout-puissants États-Unis, à la sortie du second conflit mondial, pour la reconstruction des pays dévastés – qui consacra un rôle hégémonique du dollar –, est venu le temps d'une négociation internationale, d'un Bretton Woods rebaptisé, redéfini, redessinant un nouveau système financier. Une nouvelle organisation qui respecte les équilibres du monde et soit capable d'irriguer l'économie par une finance au service des peuples. En 1944, les accords signés par 44 États avaient mis en place un système mondial autour du dollar américain, monnaie de réserve internationale, seule à être convertible en or et intronisée comme monnaie des échanges internationaux. C'est à cette époque que furent créés le Fonds monétaire international (FMI), chargé de réguler l'équilibre des monnaies, et la Banque internationale pour la reconstruction et le développement (BIRD), devenue la Banque mondiale, avec pour mission le développement économique.

Mais l'évolution du système a consacré la fin de la convertibilité. Le bouleversement des équilibres mondiaux, l'émergence de nouvelles puissances économiques dans les années 1970 et 1980 a fait le reste. La voie de la spéculation sur les devises, sur les économies, s'est élargie, et s'est imposée la domination des lois du marché sur les législations nationales. Reagan, Thatcher étaient passés par là, consacrant les pratiques d'un libéralisme *no limit* ! « *Government is not the solution, Government is the problem*[2]. » Le cri de guerre reste dans les mémoires.

La mécanique mondiale de la finance s'est transformée pour imposer ses logiques spéculatives. Jugeons-en ! Pour l'année 2002, le total des transactions financières mondiales avait atteint 1 100 000 milliards de dollars, alors que les transactions liées à l'économie réelle – celle chiffrée comme le PIB mondial – ne représentent que 32 300 milliards de dollars. En 2008, l'écart s'était creusé. Le total des transactions atteignait 2 200 000 milliards de dollars, le PIB mondial étant de 55 000 milliards. L'économie spéculative domine largement l'économie productive. Quand s'échangent 100 dollars dans les flux de la finance mondiale, seuls 2,5 concernent des échanges de biens ou de services. Globalement, aujourd'hui, la sphère de la finance (crédits, obligations, capitalisations boursières, monnaies) représente 450 % du PIB mondial (année 2018) ; le rapport n'était que de 275 % en 1990. Des chiffres qui mesurent la déconnexion croissante de la finance et de l'économie représentant des bulles spéculatives, autant de bombes à retardement.

Cet appétit du rendement financier à deux chiffres a transformé le système mondial en un casino planétaire incontrôlé et quasi incontrôlable. Insatiables sont les maîtres

2. « Le gouvernement n'est pas la solution, il est le problème », Ronald Reagan, 20 janvier 1981, lors de son investiture.

du système ; leurs croupiers ont inoculé le virus à tous les étages : dérégulation et internationalisation des flux de capitaux, spéculation massive sur les devises, multiplication des fonds à hauts rendements, attrait des Bourses pour des produits dérivés hasardeux, glissement des banques vers des opérations de court terme et à haut rendement, déferlement sur les marchés financiers de produits toxiques échafaudés sur des créances (*cf.* l'affaire des prêts hypothécaires accordés par des banques américaines à des clients peu solvables)... le tout favorisant la croissance spectaculaire du rôle des paradis fiscaux *(cf.* la place privilégiée des États vassaux, des dépendances de l'Empire britannique, devenus sous-traitants de la City), comme relais indispensables dans cette ronde infernale.

Cette logique aveugle a conduit à la crise de 2008. L'effondrement du système bancaire mondial a été évité par l'engagement des États, contraints d'apporter le secours des deniers publics. Et chacun d'affirmer, la main sur le cœur, que les choses allaient changer, que des règles plus contraignantes assainiraient les us et coutumes de la finance. Les dirigeants des principaux pays du monde, à l'occasion de G20 extraordinaires, annoncèrent de grandes résolutions, conjurant un possible effondrement du système bancaire et financier.

Depuis, rien n'a vraiment changé, tout a empiré ! Plus de douze ans après la crise et malgré les pansements des États, nombreux sont les économistes ou experts de la finance à prédire le retour d'une nouvelle catastrophe. Georges Ugeux, ancien numéro deux de la Bourse new-yorkaise, voit venir un « tsunami », et Jean-Claude Trichet, ancien président de la Banque centrale européenne, estime la situation « aussi dangereuse qu'en 2007[3] ». La finance mondiale est toujours assise sur ce volcan jamais endormi : l'idée que le profit relève d'une équation perpétuellement gagnante ! Aujourd'hui, la crise sanitaire met en évidence la fragilité de ce système et aggrave le risque d'effondrement. Tous les dogmes sont tombés, les uns après les autres. L'argent gratuit coule à flots depuis le début de l'épidémie et produit des effets pervers. Il gonfle le marché de la dette obligataire, celui des actions ensuite, produisant des accumulations de richesses, toujours entre les mêmes mains. Démonstration acquise, tandis que la fortune des milliardaires augmentait de 27,5 % au printemps 2020, une estimation de l'augmentation au cours de l'année de l'extrême pauvreté mondiale la chiffrait à 7 %.

Un nouvel ordre monétaire mondial s'impose. Qu'on ne s'y trompe pas du côté des tenants de la finance, le FMI, la Banque mondiale et autres organismes financiers y travaillant pour façonner un « nouveau Bretton Woods » en veillant aux intérêts suprêmes des détenteurs de capitaux. Le World Economic Forum a déjà appelé à un « *reset* », la grande restructuration.

---

3. « Trichet juge la situation financière mondiale "aussi dangereuse" qu'en 2007-2008 », *Challenges*, 4 septembre 2018.

Kristalina Georgieva, qui a succédé à Christine Lagarde à la présidence du Fonds monétaire international (FMI), a récemment accompli le pèlerinage de Bretton Woods sur la trace de l'économiste Keynes, inspirateur du fameux traité. Lors de l'assemblée générale du FMI, en octobre 2020, elle commenta son escapade nostalgique par ces mots : « Aujourd'hui, nous vivons un nouveau "moment" Bretton Woods. Une pandémie qui a déjà fait plus d'un million de morts. Un désastre économique qui réduira la taille de l'économie mondiale de 4,4 % cette année et devrait amputer la production de 11 000 milliards de dollars d'ici à l'an prochain. Et un immense désespoir humain face à des bouleversements gigantesques et à l'augmentation de la pauvreté, pour la première fois depuis des décennies. De nouveau, nous devons nous atteler à deux tâches colossales : combattre la crise aujourd'hui et construire un avenir meilleur. »

Comme l'a dit Nelson Mandela : « Quand tu t'es battu si dur pour te remettre debout… Ne retourne jamais vers ceux qui t'ont mis à terre ! » Comment croire à la promesse d'une finance équitable et solidaire quand sont à la manœuvre ceux qui n'ont rien engagé des réformes annoncées après la crise de 2008 ?

Les réformes qu'on pouvait attendre et qui auraient permis de transformer en profondeur la logique et les pratiques ont été à peine engagées par le FMI ou les instances de régulation. Avant d'être abandonnées.

Oubliée, la taxe sur les transactions financières qui aurait permis de faire disparaître la pure spéculation de court terme, tel le trading à haute fréquence[4]...

Disparue, la séparation stricte entre les activités bancaires qui financent l'économie réelle et celles de la finance de marché...

Enterrée, l'interdiction effective des placements financiers dans les paradis fiscaux...

Retirée, la régulation des produits dérivés qui permettent aujourd'hui à n'importe quel trader de parier sans limites sur l'évolution du cours de titres qu'il ne détient pas.

Non seulement les réformes nécessaires n'ont pas été entreprises mais, dans le même temps, une multitude de banques et de nouveaux acteurs de l'ombre ont émergé. Ils ont multiplié les opérations « hors bilan », non soumises à la réglementation. Dans ce monde du « *shadow banking*[5] », les contrats de gré à gré se nouent en toute discrétion. Les transactions y sont souvent à la limite de la légalité.

L'univers du *shadow banking* est en constante expansion, au détriment de celui de la finance bancaire. Il représentait, en 2018, 50 900 milliards de dollars. Les États-Unis et la Chine hébergent les principaux acteurs de cette sphère non

4. Mode de transactions robotisées à grande vitesse.

5. « Finance de l'ombre », activités financières non soumises aux régulations bancaires.

régulée avec plus de 45 % de ce volume de transactions. Pépite de cet insondable cosmos, des plateformes privées de transactions, bien nommées « *dark pools*[6] ». Elles assurent l'anonymat des traders, courtiers ou gérants de fonds, acheteurs, et des vendeurs de blocs de valeurs boursières dans des transactions de gré à gré. L'opacité est la règle sur ces pratiques autorisées par les régulateurs, européens notamment, et représentant, selon une estimation de 2012, environ 1 200 milliards d'euros par an.

Il en est de même avec le développement des monnaies virtuelles, souterraines, bitcoin, ripple et autres cryptomonnaies qui permettent de finaliser des opérations sur des marchés illégaux, souterrains, couvrant des escroqueries ou des crimes. De tels systèmes monétaires privés, sans système de régulation, sans regard judiciaire pour punir les fraudes, sans État pour en garantir valeur et authenticité, sont-ils condamnés à s'effondrer ou, *a contrario*, à prospérer ? Peuvent-ils représenter un avenir souhaitable sans régulation ? C'est l'avenir même des États, garants du droit et donc de la justice, qui est posé.

La pandémie exacerbe cette situation qui remet directement en cause un système malade de sa propre logique de spéculation et d'accumulation. Ce que Bertolt Brecht, écrivain et dramaturge, résumait ainsi : « C'est dans l'exagération que se révèle la vraie nature d'un système. » Ce système où

6. Littéralement : « sombres bassins »… ou « sombres marigots ».

les développements technologiques et réglementaires sont toujours associés à un supplément d'opacité, facteur constant des algorithmes donneurs d'ordre. Oui, une nouvelle nature est nécessaire pour ce monde de la finance, fécond big bang !

Fixons de nouvelles règles

L'ONU a publié en février 2021 un rapport[7] intégrant les recommandations d'experts pour un nouvel ordre financier. Ces experts, mandatés par l'ONU, sont connus comme « Groupe de haut niveau sur la responsabilité, la transparence et l'intégrité financière internationales ». Ils livrent une partie des solutions.

Le travail a été présidé par l'ancien Premier ministre du Niger Ibrahim Mayaki et l'ancienne présidente de la Lituanie Dalia Grybauskaité. Ils écrivent : « Le système financier global est aujourd'hui biaisé. Les vides, failles et manquements réglementaires – et leur utilisation – rendent possible l'évasion fiscale, la corruption et le blanchiment d'argent. Ces flux financiers illicites constituent un vol à double titre, car les fonds détournés privent des milliards d'êtres humains de la possibilité d'un avenir meilleur. » Et Dalia Grybauskaité de conclure lors de la présentation du rapport : « De nombreuses banques collaborent activement au vol des plus pauvres ! »

---

7. Rapport publié le 26 février 2021, factipanel.org

Leur rapport-projet, baptisé « Facti » pour « Financial Accountability Transparency & Integrity », contient une série de recommandations orientant l'élaboration de normes qui renforcent la transparence fiscale et l'intégrité financière dans le monde de manière harmonisée et pérenne. Objectif 2030. Il livre les bases d'un pacte universel pour l'intégrité financière, la redistribution fiscale pour le développement, l'équité et la lutte contre la criminalité, contre la corruption et les pratiques illicites. Autant de problèmes systémiques qui nécessitent des solutions et des réformes systémiques[8].

Ce rapport met en avant la nécessité d'agir à l'échelle planétaire. Il souligne l'inefficacité de la lutte menée par l'OCDE ou le GAFI[9] contre la fraude fiscale et la fuite des grandes fortunes vers les paradis fiscaux, « leurs actions se retrouvant diluées par l'absence d'une autorité véritablement supranationale et neutre ».

---

8. Le monde de la finance reste géré par les financiers eux-mêmes ! FMI, Banque mondiale, OMC (Organisation mondiale du commerce) et, dernièrement, le G20, autant d'institutions qui n'ont aucune réelle légitimité démocratique. Le système de vote au sein du FMI est basé sur le montant de la contribution des pays membres. Ainsi, les membres du G7 contrôlent-ils 45 % des droits de vote, dont 17 % pour les seuls États-Unis, détenteurs ainsi d'une minorité de blocage. Il n'existe aujourd'hui aucune banque centrale ni d'entité de contrôle financier qui dispose de compétences globales.

9. Groupe d'action financière, organisation intergouvernementale de lutte contre le blanchiment et le financement du terrorisme.

Y figure un appel lancé aux pays pour adapter leurs législations afin de mieux poursuivre les crimes financiers en dehors de leurs frontières. Et le groupe d'experts propose la mise en place d'une convention fiscale estampillée par l'ONU rassemblant une palette de normes définies au terme d'un débat universel et assurant « un système fiscal mondial juste et équitable pour tous ». Chiche !

Nous proposons la création d'une Organisation mondiale de la finance, à l'instar de l'Organisation mondiale de la santé ou de l'Organisation mondiale du commerce. L'institution spécialisée sera placée sous l'égide de l'ONU en liant sa création à la disparition du FMI et de la Banque mondiale. Tous les États du monde y seront associés, ainsi que les ONG. Sa mission sera de gérer un Fonds de développement international pour le financement de projets sociaux, économiques et environnementaux. L'OMF édictera aussi de nouvelles règles financières internationales et disposera des moyens de contrôler leur application.

L'un des axes sera de canaliser les capitaux vers des activités à forte utilité sociale, autrement dit l'homme avant la finance, et de modifier le rôle des banques centrales en les autorisant à financer les États pour la relance économique.

Réformes nationales

En France, **nous préconisons de créer un pôle public financier constitué autour de la Caisse des dépôts et consignations, la Banque postale et la Banque publique d'investissement, dont l'objectif serait d'orienter l'argent vers des investissements utiles à la société, aux services publics.** Un premier domaine d'utilisation pertinent de ces capitaux peut être trouvé dans la transition écologique.

Axe novateur également, le projet de changer la composition et la supervision des membres des organes de direction des régulateurs financiers afin de mettre en place un pilotage de la finance au service de l'intérêt général.

Le pantouflage doit être très encadré, voire interdit, pour éviter les conflits d'intérêts et – l'homme n'étant pas de bois – les dérives et tentations.

En France, les exemples de pantouflage sont multiples – ainsi récemment le départ de David Azéma, directeur de l'Agence des participations de l'État, pour la banque Merrill Lynch.

Ce type de migration doit être interdit. Il est nécessaire de légiférer pour réglementer strictement les allers-retours entre la haute administration, la politique et la finance. Les conflits d'intérêts sont forcément au rendez-vous. En 2017, une étude a reconstitué les parcours de 333 inspecteurs des finances. Plus de 55 % travaillaient ou avaient travaillé dans le secteur privé et 34 % étaient passés par le secteur bancaire à un moment donné de leur carrière.

La finance détermine tous les aspects de nos vies et l'essentiel du fonctionnement de nos sociétés. Cette puissance est renforcée par la porosité entre certains gouvernants et le monde de la finance d'une part, et la dépendance des États vis-à-vis des marchés financiers d'autre part. **Le monde de l'après-Covid est à créer, l'échéance nous donne l'occasion de changer les règles du jeu sur la planète finance.**

Réformer le système bancaire

Comme les grands cabinets de conseil juridique et comptable, d'ingénierie financière, les banques tiennent une place toute particulière sur la planète de la finance folle. L'oligopole bancaire exerce une position dominante dans leurs relations avec les États. Les risques associés sont connus et la crise de 2007-2008 a montré les menaces que représente la spéculation agressive. Conseils et banquiers ont démontré lors des dernières années leurs capacités d'adaptation et l'imagination technique mises au service des pratiques d'optimisation fiscale ou du développement de produits à haut rendement à court terme.

Les dernières crises financières, singulièrement celle de 2007-2008, ont poussé à des réformes qui, sans être négligeables, demandent aujourd'hui à être développées et renforcées. « Le comportement du secteur financier n'a pas fondamentalement changé depuis la crise », admettait Christine Lagarde quand elle était directrice du FMI.

Pour mettre fin au règne du profit à court terme aux dépens de la prudence, des bonus d'aujourd'hui contre ceux du lendemain, nous proposons plusieurs mesures pour une réforme en profondeur des banques. Une réforme pour la France, mais dont le véritable impact exige une dimension européenne et mondiale.

Il revient à l'État, à la responsabilité du politique de mener cette transformation du secteur bancaire. Il est vain de croire à une autorégulation de la finance ou au soudain rééquilibrage d'un système rejetant son tropisme pour la spéculation.

Voici les premiers éléments de réforme qui s'imposent :

Établir une réelle séparation des activités bancaires entre banques de dépôt utiles au financement de l'économie réelle, qui rendent service aux particuliers comme aux entreprises dans la vie quotidienne, et **les banques pratiquant des activités purement spéculatives** pour leur propre compte. La loi de 2013 n'a eu que des effets modestes : moins de 5 % des activités ont été touchées par cette séparation.

Interdire toute transaction financière en direction des paradis fiscaux tels que définis dans une nouvelle liste élargie, c'est-à-dire intégrant les États, notamment européens, dont les pratiques sont condamnables (voir piste n° 10).

Déconnecter strictement les autorités de contrôle et de régulation des banques du secteur bancaire lui-même ; démocratiser ces autorités en y intégrant des représentants de la société civile. En effet, la régulation doit être du ressort d'autorités réellement indépendantes. Est-il concevable que l'Autorité des marchés financiers dispose d'un budget alimenté par des taxes payées par les entités qu'elle a pour charge de contrôler ? Les superviseurs doivent disposer des ressources nécessaires à leurs missions et dont l'origine assure leur indépendance.

Suspendre la licence bancaire des établissements qui feraient l'objet de condamnations judiciaires pour des pratiques illicites.

Limiter la taille des banques afin d'éviter le risque systémique. La défaillance d'une de ces grandes banques mettrait en danger tout le système financier international.

Enfin, il convient de s'interroger sur une nationalisation des entreprises bancaires. Après l'élection de François Mitterrand en 1981, le gouvernement avait décidé de nationaliser 39 banques. Afin de dégager l'État de l'emprise des marchés financiers et de contrôler le crédit, il conviendrait aujourd'hui de revenir à une forme démocratique de gestion publique de ces rouages essentiels du secteur bancaire. La question est donc posée !

PISTE N° 3

En finir avec la spéculation sans visage

« Dans la vie, il ne faut jamais lutter contre les hommes, il faut lutter contre le système. »

Nelson Mandela

Depuis les années 1980, la dérégulation constante a donné aux acteurs de la finance le pouvoir d'assujettir l'économie.

La « financiarisation » de l'économie s'est imposée avec des conséquences visibles par tous, dont la recherche de profits au détriment de l'emploi et de la répartition des richesses produites. L'actionnaire a pris le pas sur le salarié dans le partage de la valeur ajoutée.

La crise des « subprimes » aux États-Unis en 2008 est une des manifestations paroxystiques des dérives de la folie spéculative de la finance. Les crédits hypothécaires accordés à des emprunteurs (qui ne pouvaient accéder à des emprunts classiques) ont fait l'objet d'une titrisation, c'est-à-dire d'une revente des créances à des sociétés spécialisées dont les propres titres étaient placés auprès d'investisseurs soucieux de hauts rendements liés au risque. C'est ce qui entraîna la propagation de la crise dans les banques. La BNP, par exemple, en détenait pour 2 milliards d'euros.

Nous voici quarante ans après les prémices de la dérégulation, et rien n'a été entrepris pour en endiguer les dérives et les excès. Les produits financiers toxiques, l'évasion fiscale, les hyper-rémunérations des banquiers, la dictature des 15 % de retour sur fonds investis par les actionnaires… tout prospère. Un des plus récents exemples est fourni par le sort réservé au patron de Danone, Emmanuel Faber, limogé sous la pression d'un fonds américain, Artisan Partners, et d'un fonds londonien, Bluebell Capital. Les deux actionnaires lui reprochaient de n'avoir fait progresser le cours de Bourse que de 3 % quand les concurrents Nestlé ou Unilever affichent des scores de 45 et 70 % ! En sa défaveur, une marge opérationnelle limitée à 13 % quand ses concurrents galopent à 18 %. En 2020, les bénéfices de Danone s'étaient pourtant chiffrés à 2 milliards d'euros assortis d'un plan de suppression de 2 000 emplois.

Les « produits dérivés », à l'origine de la crise de 2008, ont retrouvé et dépassé leur niveau d'avant-crise. Warren Buffett, milliardaire américain, avait, dès 2003, prévenu : « Les produits dérivés sont une arme de destruction massive. »

C'est ce même milliardaire, fin spéculateur s'il en est, qui stigmatisait en ce printemps 2021 l'emballement des marchés pour les « SPAC[1] », ces sociétés créées dans le seul but de lever des fonds sur une place boursière en vue d'acquérir une société. En quelques mois, les capitaux acquis permettent d'acquérir l'entreprise cible. La SPAC fusionne avec la cible et se retrouve cotée en Bourse sans la contrainte du parcours de reconnaissance par les investisseurs et les autorités de régulation. Ces initiatives relèvent de la spéculation la plus risquée, car la cible peut se dérober ou perdre en valeur ! Pourtant, en 2020, 83 milliards de dollars ont ainsi été levés et, pour 2021, 700 opérations pourraient avoir lieu à la Bourse de New York, portant sur plus de 220 milliards de dollars. Le principe des investisseurs est la spéculation : tous misent sur l'achat à prix faible d'une société à potentiel et dont le succès assurera des retours financiers gagnants.

Et Warren Buffett de commenter lors de l'assemblée générale[2] de son groupe Berkshire : « L'envie de spéculer est très forte dans le monde et, de temps en temps, elle reçoit une énorme poussée. On en arrive à ce moment où il y a plus de gens qui entrent dans le casino que de gens qui en sortent chaque jour. Il se crée sa propre réalité pendant un certain temps et personne ne vous prévient

1. *Special purpose acquisition company*, « société d'acquisition à finalité spécifique ».
2. Mai 2021.

lorsque l'horloge sonne minuit et que tout se transforme en citrouilles et en souris. »

Aucune leçon n'a été tirée des crises passées. Les spéculateurs n'ont jamais déposé les armes, ils les ont reconditionnées, mises au goût du jour. Malgré les grandes promesses, la spéculation sur les produits dérivés bouillonne ! Cette spéculation déconnectée de l'économie réelle est aussi menée par des grandes banques. Ce qu'une étude du courtier AlphaValue cible, « c'est un risque potentiel énorme et la crise n'a pas changé les pratiques des banques en la matière ». Le montant opérationnel des produits dérivés de BNP Paribas s'élève à 48 000 milliards d'euros, vingt-deux fois le PIB de la France ! La valeur de ces produits financiers en circulation dans le monde équivaut aujourd'hui à dix fois le PIB mondial, contre trois fois il y a quinze ans.

Spéculation sur la faim

Cette recherche permanente du retour sur investissement le plus élevé possible engendre des désastres. C'est le cas, entre autres, lorsqu'elle fausse le prix réel des matières premières agricoles. « Les activités des fonds indiciels (ceux qui spéculent sur la performance d'un indice boursier ou de la valorisation d'un secteur) ont joué un rôle clef dans la flambée des prix alimentaires en 2008 », explique la Banque mondiale, après les émeutes de la faim dans plusieurs pays d'Afrique et d'Asie.

Bis repetita avec la crise sanitaire quand de cyniques spéculateurs en profitent pour faire monter les enchères. Selon le dernier rapport de la FAO[3], la crise sanitaire pourrait faire basculer plus de 100 millions de personnes supplémentaires en situation de faim chronique cette année. Le nombre de personnes sous-alimentées atteint 800 millions actuellement, soit un retour quinze ans en arrière !

Les spéculateurs n’ont cure de ce besoin humain essentiel. Fascinés par la perspective de gains, tels les pirates à la vue d’un galion chargé d’or, ils organisent le marché à leur profit, une manœuvre effrénée et meurtrière. La maîtrise du système de stockage des matières premières fait monter les cours et permet de vendre au moment le plus profitable !

Les cours des produits agricoles flambent. La hausse des prix des céréales et oléagineux se situe à des niveaux jamais atteints depuis huit ans. Elle touche les éleveurs, les agriculteurs, les consommateurs. La fièvre des prix des matières premières agricoles, blé, orge, maïs, soja, sucre, engagée l’an dernier, ne retombe pas. La crise sanitaire, affectant les échanges mondiaux, booste la spéculation sur ces marchés planétaires : les cours du blé ont crû de 20 % en un an ; ceux du maïs et de l’orge de 30 % ; ceux du soja de 40 % ; celui de l’huile de tournesol de 50 %.

---

3. Food and Agriculture Organization, agence spécialisée des Nations unies.

Les spéculateurs s'engraissent alors que des enfants, des femmes et des hommes ont faim ! En manipulant les cours mondiaux, ils participent au maintien d'un être humain sur sept en situation d'insécurité alimentaire ! Et pas seulement dans les pays du Sud ! Pour 10 millions de Français reclus sous le seuil de pauvreté, se procurer une alimentation de qualité à un prix accessible reste un combat quotidien.

Alors que l'ONU avait fait un objectif pour 2030 d'atteindre la « Faim zéro », un rapport de plusieurs organismes (FAO, OMS, UNICEF, etc.) montre que la faim progresse alors que la planète produit des denrées alimentaires en quantité suffisante. Vingt-neuf pays sont aujourd'hui menacés de famine.

Il est donc nécessaire et urgent de se donner les moyens de mettre fin à la spéculation sur les marchés agricoles. Une régulation internationale qui encadre et réglemente les pratiques financières mettant en péril la stabilité des prix est urgente. Il est aussi nécessaire d'interdire à tout investisseur hors secteur agricole, comme les fonds de pension ou les compagnies d'assurances, d'intervenir sur les marchés des matières premières agricoles. Cela devrait s'accompagner d'un renforcement des pouvoirs des autorités des marchés afin de prévenir les déséquilibres anormaux des cours. La mise en place de stocks de régulation et la transparence des informations relatives à la production et aux stocks dans les filières agro-industrielles compléteraient cette réglementation.

La spéculation ne se cantonne pas au marché mondial des produits agricoles. **La régulation mondiale doit être développée pour les matières premières énergétiques ou industrielles.** La régulation du commerce mondial doit se traduire par des mesures puissantes pour réduire, affadir les attraits de toute spéculation. Bref, mettre un coup d'arrêt, sans mollesse, à cette schizophrénie spéculative.

Une taxe sur les transactions

Enfin, en parallèle, la mise en place d'une réelle taxation des transactions financières, maintes fois évoquée dans les discours, mise en place sans ambition réelle[4] à partir de 2012 en France, présenterait le double avantage de dégager des recettes supplémentaires pour le budget public et de lutter contre la spéculation.

Voici près de cinquante ans que l'idée d'une taxation des transactions financières internationales a été émise. L'histoire a retenu le nom de James Tobin, prix Nobel

4. En France, elle ne concerne que les achats d'actions cotées à la Bourse de Paris et au capital supérieur à 1 milliard, soit 1 345 sociétés. Et elle exclut les transactions liées aux achats et reventes au cours d'une même journée ainsi que de nombreux produits financiers, tous favorables à la performance spéculative !

d'économie, qui a formulé cette proposition en 1972, déjà émise par Keynes dans les années 1930. Il s'agissait, déjà, de « jeter un peu de sable dans les rouages de la spéculation » pour limiter la volatilité des taux de change.

En mars dernier, le rapporteur du budget européen lui-même, Pierre Larrouturou, avait défendu le projet de taxe en soulignant, entre autres, le caractère choquant d'un sans-domicile fixe (oui, fixe) qui acquitte une TVA de 5,5 % avec l'achat d'un sandwich alors que l'acheteur d'une action en Bourse ne paie rien ! Il préconisait l'inscription dans le budget d'un format européen de la taxe sur une assiette élargie. Plus tard, il avait pu faire présenter la proposition devant le pape François en personne. Selon les estimations, une taxe de 0,1 % sur le marché des actions et de 0,01 % sur le marché des obligations et du trading haute fréquence rapporterait de 50 à 60 milliards d'euros au budget européen.

Jusqu'à ce jour, la France s'est opposée à l'introduction de cette taxe dans le budget européen, comme les Pays-Bas ou le Luxembourg ! L'idée de la taxe reste parmi les pistes retenues par le Parlement européen mais ne serait pas définie avant 2024…

D'après les experts du Groupe intergouvernemental sur les financements innovants du développement, la taxe pourrait rapporter entre 200 et 300 milliards de dollars par an au niveau mondial, soit le nécessaire pour débarrasser le monde de la faim, de l'illettrisme et des autres urgences sociales, sanitaires et environnementales. Nul besoin d'attendre un quelconque consensus international pour la lancer. Même le FMI l'avait souligné dans un rapport daté de 2011.

PISTE N° 4
Déjouer l'alchimie du blanchiment

« Espèces, liasses, valises bourrées à craquer, planques. L'argent est matière, il a un poids. On peut le toucher du doigt, le compter, il sent le moisi. Et il conserve cette odeur même quand il se retrouve sur les comptes les mieux cachés. »

Roberto Saviano[1]

Argent noir, argent gris, argent blanchi, jamais l'argent souterrain n'a été aussi puissant dans notre monde.

Une étude[2] demandée par le ministère allemand des Finances chiffrait en 2016 à plus de 100 milliards d'euros les capitaux blanchis dans la première économie européenne, soit l'équivalent du chiffre d'affaires du constructeur automobile BMW.

Éric Vernier, notre distingué préfacier, spécialiste des paradis fiscaux, estime à 10 % du PIB mondial le volume

1. Journaliste et écrivain italien connu pour ses enquêtes sur les réseaux mafieux. *Extra pure. Voyage dans l'économie de la cocaïne*, Gallimard, 2016.
2. *Die Zeit*, 9 février 2020.

global de l'argent sale, une manne considérable représentant une pléiade d'activités directement criminelles ou constituant des actes contraires à la loi, sinon à la morale !

À l'origine de ces flux illicites, les grandes organisations, multinationales du crime. Elles prospèrent sur tous les continents, à l'initiative de petits groupes, familiaux ou tribaux, qui les contrôlent par l'argent et la violence. Ce sont les mafias auxquelles on peut adjoindre les réseaux terroristes internationaux : la puissance et les sources de financement de ces derniers les rendent proches des premières.

Ces professionnels du crime ne sont pas les seuls à alimenter ces flux d'argent sale. D'autres acteurs sont présents et actifs. Ils travaillent dans la discrétion, se drapent du statut d'honorables entrepreneurs. Aux premiers la pratique de l'argent noir, aux seconds celle de l'argent gris.

Aux deux extrémités du spectre, il est aisé de distinguer les nuances. Au centre, les deux concepts se rapprochent, se confondent. Les pratiques se conjuguent. Les malfaiteurs jouent à cache-cache avec la loi.

Noir, l'argent du trafic de drogue, de la prostitution, du trafic d'organes, des êtres humains, noir celui de la contrebande, de la contrefaçon, du racket, des jeux clandestins, de l'exploitation des migrants, noir et gris celui du trafic d'armes, du travail non déclaré, du détournement de marchés publics, de la fraude à la TVA.

Gris, l'argent des commissions ou rétrocommissions assorties aux contrats d'exportation d'armes ou d'équipements industriels, celui des délits d'initiés, du trafic d'influence, de l'abus de biens sociaux.

Les montants de ces capitaux de l'ombre sont énormes mais, par définition, non chiffrés avec exactitude. En 2009, l'ONU chiffrait l'argent sale à 1 600 milliards de dollars dans le monde.

« Le FMI l'estime aujourd'hui entre 800 et 2 700 milliards de dollars, soit entre 1 et 3 % du PIB mondial », rapporte Bertrand Monnet, chercheur titulaire de la chaire management des risques liés à l'économie criminelle à l'EDHEC, école de commerce, et il commente : « L'économie mondiale est droguée à l'argent sale. Si on la supprimait en un claquement de doigts, on assisterait à un krach financier mondial[3]. »

Aujourd'hui, on estime que le trafic de drogue à l'échelle de la planète pourrait représenter 250 à 500 milliards de dollars (le deuxième marché après celui des armes et avant celui du pétrole). Ce volume d'échanges place donc le trafic comme équivalent au PIB d'un pays entre celui classé à la 25e place, l'Argentine, et celui classé à la 41e place, le Chili.

3. « L'économie mondiale est dopée à l'argent sale », *La Voix du Nord*, 1er juin 2021.

Concernant le narcotrafic, l'ONU estime que seuls 42 % de la production de cocaïne sont saisis et seulement 32 % de celle de l'héroïne. Pour la France, le chiffre d'affaires de la filière serait de 4 milliards d'euros ; environ 30 000 personnes seraient impliquées dans le fonctionnement d'un marché disposant de 3 000 points de deal ! Autre flux souterrain, celui lié au trafic d'animaux sauvages, chiffré lui aussi en milliards de dollars. La traite des êtres humains, elle, touche presque tous les pays et figure comme une des activités « souvent impunie », rappelle un rapport de l'ONU en 2019. Elle rapporte 3 milliards de dollars par an en Europe, où le nombre de ses victimes est de l'ordre de 140 000.

Au total, les flux de capitaux des réseaux mafieux, criminels, dans le monde, seraient de l'ordre de 2 000 milliards de dollars. Le trafic des drogues est le plus important, suivi du trafic des êtres humains (les migrants sont les premières malheureuses victimes), de celui des armes, de la contrebande, du trafic d'organes, de la prostitution. Étudiés par l'ONU, le FMI, le GAFI et de nombreuses ONG, ces trafics ont bénéficié de la mondialisation des échanges, se manifestant par l'émergence de ces réseaux internationaux du crime intégrant toutes les activités rentables.

Des enquêtes d'universitaires, d'économistes, de journalistes ont permis de prendre la mesure de ces phénomènes, mais aussi de démontrer que des banques, parmi les plus prestigieuses du monde, succombent à l'attrait de ces flots de milliards. Si elles les négligeaient ou les repoussaient naguère, elles les convoitent désormais. En septembre 2020, une enquête menée par l'ICIJ à partir de rapports d'activités suspectes transmis par des banques du monde entier à l'autorité de lutte anti-blanchiment américaine (le FinCEN) avait montré que des transactions suspectes pour près de 2 100 milliards de dollars avaient été détectées sur près de vingt ans.

« Le blanchiment d'argent permet de transformer des billets en lignes de compte, sur des comptes en banque, et de masquer l'origine de cet argent », détaille Bertrand Monnet en ciblant le « parasitisme financier » de l'économie criminelle[4].

Ces banques laissent donc circuler de l'argent susceptible de provenir du blanchiment d'activités illégales, sur des comptes bancaires d'individus ou de sociétés qu'elles n'avaient pas été en mesure d'identifier ! Précision nécessaire : les rapports examinés par le consortium ne représentent que 0,02 % des rapports transmis au FinCEN. Exemple de ces grandes banques peu sourcilleuses sur l'origine des fonds qu'elles abritent, le géant britannique HSBC, qui avait reconnu avoir blanchi près de 900 millions de dollars pour des cartels de la drogue sud-américains.

Idem, on se souvient que c'est l'alerte des Panama Papers qui a permis à l'établissement new-yorkais de la Société

4. « L'économie mondiale est dopée à l'argent sale », art. cit.

générale de connaître l'origine de fonds passés par des comptes de sociétés des îles Vierges britanniques. Ces comptes avaient été ouverts auprès de la filiale suisse de la Société générale, laquelle avait refusé de divulguer le nom de ses clients, bénéficiaires de sociétés offshore, à son homologue de New York. C'étaient des clients à risques, des proches du président russe.

Il faut réduire ces flux d'argent sale dans le bilan de ces grandes banques, éviter les connexions infamantes. La France est-elle assurée, quand elle emprunte sur les marchés financiers – question déjà soulevée –, qu'elle ne s'acoquine pas avec des créanciers douteux, détenteurs de sociétés offshore ? L'opacité financière et fiscale, qui reste le pilier de l'économie des paradis fiscaux, autorise tous les rapprochements.

L'enquête de l'ICIJ a démontré que les grandes banques « ne se donnent pas les moyens de combattre efficacement le blanchiment en bloquant l'argent à la moindre suspicion[5] ».

Il s'agit désormais de changer les logiciels de contrôle et de régulation du secteur bancaire. Les amendes qu'encourent aujourd'hui ces établissements bancaires n'ont guère d'impact sur leurs bilans. Trop légères pour permettre une réelle inflexion des pratiques de recyclage des produits du crime. Toutes les banques mettent en avant leurs engagements dans la lutte anti-blanchiment, la mise en œuvre

5. *Le Monde*, 22 septembre 2020.

des techniques les plus appropriées pour détecter les flux illicites et leur coopération avec les autorités de contrôle. Soit ! Mais l'appétit de capitaux frais passe avant tout et des banques prennent le risque du « funambulisme » entre argent sale et argent propre. Comme le revendiquent les experts de la criminalité financière, **il convient de viser directement les hauts dirigeants et les cadres en responsabilité pour changer la donne. Suspension des licences d'activités bancaires, amendes personnalisées, peines de prison doivent sanctionner ces pratiques complices.**

En Allemagne, le récent scandale Wirecard a mis en avant la carence des régulateurs. Cette société spécialisée dans la fourniture de services de paiement en ligne, un temps coqueluche de la Bourse de Francfort, a été mise en faillite en 2020 avec 29 milliards d'euros partis en fumée. La société qui a servi au blanchiment d'argent de la mafia liée aux jeux en ligne et à la pornographie a échappé aux contrôles des autorités allemandes. Et son dossier, complexe et mondialisé, illustre aujourd'hui ce que le capitalisme peut engendrer de plus détestable…

Pourtant, sur le terrain, nombre de mesures contraignantes ont déjà été engagées pour lutter contre les opérations de blanchiment. Sont-elles suffisantes ? Non ! La nécessité de renforcer les cadres législatifs, nationaux et européens doit être rappelée tel un impératif de premier ordre. **L'infraction de blanchiment doit être appréhendée comme infraction autonome par rapport à celle de**

l'infraction fiscale. Avec de réelles peines d'emprisonnement à la clef. Car seule la perspective de privation de liberté est un frein à l'intention délictueuse.

Celle d'un renforcement des moyens humains et techniques des services fiscaux s'impose dans le même temps. Les techniques fiscales, financières, juridiques se caractérisent par leur complexité vertigineuse : leur maîtrise nécessite de hautes compétences. Les fonctionnaires, magistrats, policiers, enquêteurs doivent disposer des moyens les plus sophistiqués pour accomplir leur mission. Et être en plus grand nombre. Le calcul démontre qu'un contrôleur fiscal rapporte plus qu'il ne coûte. Le renforcement de ces services qui ont perdu 35 000 postes au cours des dernières années relève donc de l'urgence.

Face à la délinquance criminelle qui a depuis longtemps compris qu'escroquer un État avec des ordinateurs, des comptes offshore, des complicités claniques, voire mafieuses ou en col blanc est moins risqué – et plus lucratif – que les casses de grand-papa, tous les renseignements obtenus[6], indiscrétions, filons des services secrets, documents

6. Un exemple d'efficacité vient d'être donné par les polices de seize pays, dont les États-Unis, l'Australie, la Suède, collaborant avec le FBI, qui ont permis la diffusion de 12 000 téléphones cryptés à 300 réseaux criminels dans le monde. Ces téléphones donnaient accès à une messagerie qu'ont pu déchiffrer les polices associées. Conclusion, une opération coordonnée a permis l'arrestation de 800 suspects, la saisie de près de 40 tonnes de drogue, de 48 millions de dollars en cash. Morale de l'histoire : quand la volonté d'agir est présente, le résultat est à la clef.

et preuves d'origine illicite, pistes des lanceurs d'alerte, tous les moyens doivent être mis en œuvre.

La boucle du ni vu ni connu !

De la carte « prépayée » aux cryptomonnaies, la boucle du ni vu ni connu est bouclée. Sur la planète argent, l'hypocrisie est une valeur cotée : courir après les tricheurs et la criminalité financière et, dans le même temps, leur donner les moyens de poursuivre leur besogne.

Premier exemple, les cartes « prépayées » ! La Commission européenne a autorisé en 2011 les sociétés non bancaires à émettre de la monnaie électronique. Une des formes en est les cartes de paiement, achetées en cash et en tout anonymat chez les buralistes ou les kiosques de presse. Elles permettent de planquer l'argent à l'étranger ou de le rapatrier, toujours en totale discrétion, en France. Ces cartes, affiliées aux réseaux internationaux MasterCard, Visa ou autres, permettent aussi d'effectuer un virement électronique sur un compte à l'étranger ou de créditer en quelques secondes la carte d'un tiers installé au bout du monde !

Jackpot pour les trafiquants, les mafieux. Elles facilitent l'évasion fiscale et le financement du terrorisme. Elles représentent une aubaine pour les filières du narcotrafic. Une telle facilité offerte par ces cartes « prépayées » s'est répandue chez les trafiquants. Constat confirmé par un commissaire de police : « Nous avons commencé à en trouver dans les poches des dealers dès février 2011. »

Pourquoi les autorités françaises ont-elles pu laisser ces passeports pour la fraude débarquer en France en toute impunité ? Pourquoi ouvrir la porte au diable pour simuler ensuite une lutte contre la fraude et le banditisme fiscal ? Cruelle duplicité, précises responsabilités !

À l'autre extrémité de la chaîne mafieuse, ce sont les monnaies cryptées qui font florès. La carte « prépayée » en bas de l'échelle et le bitcoin ou autres cryptos pour les barons au sommet, ainsi la boucle du secret est bouclée. Ni vu ni connu de bout en bout.

Ce laisser-faire est purement scandaleux. Les cryptomonnaies ont été adoptées par tous les adeptes de l'évitement fiscal et les recycleurs d'argent sale. Elles représentent la planque parfaite, ce « *cloud* », cache inaccessible aux enquêteurs.

Malgré des marques d'hésitation et des réticences, les autorités régulatrices de la finance, les banques centrales, les États… se sont couchés et ont laissé se développer cette innovation « monétaire » au contrôle impossible, pour favoriser des gains à court terme dans un système concurrentiel.

Il faut savoir que les visas octroyés pour les cryptomonnaies sont accordés par l'Autorité des marchés financiers. Il faut obtenir le Graal du statut de PSAN ; ce label signifie « prestataire de services d'actifs numériques ». Il est un gage de sérieux. Sauf qu'à force de faire tomber les digues, l'AMF s'enlève les moyens de contrôle et de régulation dans ce maelström monétaire. Avec le recul constant des régulations et des moyens de supervision, il devient peu probable qu'on puisse contrôler, mesurer et réduire les délires d'une finance folle.

Pour prévenir ces risques, il serait à notre sens responsable de supprimer les cartes « prépayées » ainsi que de mettre fin à ces nouveaux paradis fiscaux que sont les cryptomonnaies. Faute de décisions fortes, nous facilitons les activités des trafiquants, des tricheurs fiscaux et des mafias. Un procureur de New York a déjà alerté sur la multiplication des acteurs malhonnêtes et des escroqueries accompagnant la nouvelle vague de cryptomonnaies.

Il existe désormais plus de 6 000 cryptomonnaies dans le monde, et leur usage fait l'objet d'une flambée vertigineuse… Une de ces monnaies que la crise pandémique a boostée est le bitcoin. Il a quadruplé de valeur en 2020 et son cours a progressé de 85 % depuis le début de 2021, n'échappant pas pour autant à une évolution sinusoïdale.

Cette fièvre spéculative autour des monnaies cryptées, tel le bitcoin, irrite les banques centrales. Celles-ci se retrouvent aussi en situation défensive face à des projets de création de monnaies numériques comme le « diem » (ex-libra) de Facebook, adossé au seul dollar. Sa création par le plus puissant réseau social pourrait provoquer un électrochoc sur la planète finance. Amazon imagine aussi sa propre unité de paiement. Ainsi, les consommateurs réaliseraient à l'avenir leurs achats *via* des systèmes privés en court-circuitant les monnaies officielles tels le dollar ou l'euro.

Ces projets de monnaies privées[7] constituent un risque sérieux de déstabilisation du système financier actuel. Les géants de la Tech contrôleraient les circuits de paiement des citoyens. Peu à peu, les banques centrales se retrouveraient privées de la maîtrise de la politique monétaire. C'est une véritable colonisation monétaire numérique qui s'installe avec des multinationales privées à la manœuvre. Voilà qui touche la question de la souveraineté des États avec les dangers associés.

S'ajoutent à ces risques monétaires ceux liés à l'expansion de la cybercriminalité, contre laquelle les autorités sont notoirement démunies. La crise sanitaire a joué, ici aussi, un rôle d'accélérateur. On a pu le constater dans les

7. Les Bahamas – il n'y a pas de hasard – ont été les premiers au monde à pouvoir utiliser une monnaie numérique, le « sand dollar », lancée en octobre 2020.

attaques sans scrupule contre, notamment, les hôpitaux. La liste s'allonge : en 2020, les attaques ont été multipliées par quatre en France, 192 attaques contre 54 en 2019. La cybercriminalité a coûté plus de 1 000 milliards de dollars à l'économie mondiale en 2020.

Les mafias du web s'en donnent à cœur joie ! Elles ont mis au point un écosystème sophistiqué et industrialisé. Professionnalisés, ces hackers, cybercriminels, pillent les données, menacent de les divulguer ou de vendre les plus sensibles en rançonnant les victimes les plus lucratives. Johanna Brousse, procureure adjointe chargée de la section cybercriminalité du parquet de Paris, déclarait devant une commission du Sénat en avril 2021 : « La France est aujourd'hui l'un des pays les plus attaqués en matière de rançongiciels [...] parce que nous payons trop facilement les rançons. »

Le patron de la Réserve fédérale américaine lui-même jugeait en avril 2021 plus inquiétant le risque d'une cyberattaque à grande échelle que celui d'une crise financière mondiale semblable à celle de 2008. C'est « le risque que nous surveillons le plus », disait-il.

On estime à 20 milliards de dollars les pertes liées au risque cyber pour les entreprises dans le monde. C'est dire l'enjeu ! **Il est temps de faire barrage à cette invasion totalitaire qui menace la démocratie et nos libertés.**

PISTE N° 5

Assécher les paradis fiscaux

« Lorsqu'un gouvernement est dépendant des banquiers pour l'argent, ce sont ces derniers, et non les dirigeants du gouvernement, qui contrôlent la situation, puisque la main qui donne est au-dessus de la main qui reçoit. L'argent n'a pas de patrie ; les financiers n'ont pas de patriotisme et n'ont pas de décence ; leur unique objectif est le gain. »

Napoléon Bonaparte

Qui ne se souvient des propos péremptoires de Nicolas Sarkozy, alors président de la République, claironnant à la sortie d'un G20 à Londres en avril 2009 : « Les paradis fiscaux, c'est fini ! » Ou en septembre 2009 à New York, à la veille d'une réunion d'un G20 de Pittsburgh. « La France s'est battue pour que les paradis fiscaux, le secret bancaire, la fraude organisée, ce soit terminé. Les paradis fiscaux, la fraude bancaire, c'est terminé. Et je me battrai à Pittsburgh pour qu'il y ait des sanctions[1] », affirmait-il. Si son enthousiasme n'était pas feint, que n'a-t-il justifié son propos en menant les vrais combats ?

1. Europe 1, 23 septembre 2009.

Autre déclaration définitive, celle de son successeur, François Hollande, à l'occasion d'un discours resté dans les mémoires. C'était au Bourget, en janvier 2012 : « J'interdirai aux banques françaises d'exercer dans les paradis fiscaux. Il sera mis fin aux produits financiers toxiques qui enrichissent les spéculateurs et menacent l'économie. » Diantre ! Que n'a-t-il accordé ses actes à ses paroles ?

Quant à Emmanuel Macron, c'est face aux Gilets jaunes occupant des giratoires symboliques du pays qu'il exécuta une pirouette afin de donner le change et promit d'aller plus loin dans la lutte contre l'évasion fiscale : « Le dirigeant d'une entreprise, dit-il, doit payer ses impôts en France et les grandes entreprises qui y font du profit doivent y payer l'impôt[2]. » Depuis ces propos de décembre 2018, qu'a-t-il fait[3] ? Rien, sauf à confirmer son refus de rétablir l'impôt sur les grandes fortunes ! Rien ou si peu, entre laisser-faire et modestes intentions régulatrices. Voilà qui ne peut étonner quand on observe que le Grand-Duché du Luxembourg, par exemple, est le paradis fiscal préféré de proches[4] du locataire de l'Élysée, ainsi

2. Discours du 10 décembre 2018.

3. On lira en annexe le courrier qu'Alain et Éric Bocquet avaient adressé, dès les premiers jours de son élection, à Emmanuel Macron et l'accusé de réception de l'Élysée.

4. Enquête de Mathieu Magnaudeix et Antton Rouget, Mediapart, 24 mars 2017.

Christian Dargnat, banquier, Bernard Mourad, banquier aussi, Marc Simoncini, dirigeant d'une holding luxembourgeoise, Mathieu Laine, lobbyiste, Françoise Holder, déléguée d'En Marche.

La littérature journalistique de ces dernières années est riche de ces affirmations définitives, à la sortie de sommets de G7 ou de G20 notamment. Dernier exemple lors du G7 Finances de Londres, en juin 2021, quand Bruno Le Maire, notre ministre de l'Économie, annonce : « Nous ne sommes qu'à un millimètre d'un accord historique[5]. » Mille fois fut annoncé que l'issue fatale était proche, que « le glas venait de sonner » pour les paradis fiscaux. Et pourtant, ils respirent et prospèrent toujours.

Les listes officielles de ces trous noirs de la finance sont toujours aussi dénuées de sens tant les critères relèvent à la fois du laxisme ou de l'incohérence. Faut-il rire ou se désoler de celle de l'Union européenne, limitée à une dizaine de petits pays : les îles Samoa, les îles Fidji, l'île de Guam, les Palaos, le Panama, les Seychelles, Trinité et Tobago, les îles Vierges américaines, le Vanuatu ? Point barre. Malte, qui s'est fait remarquer par son absence de coopération fiscale, n'y figure pas et, médaillés d'or sur ce podium de l'hypocrisie, les États européens les plus voraces sont préservés de cette infamie. Royaume-Uni, Pays-Bas, Luxembourg, qui sont à l'origine de près de 25 % des pertes

5. *Midi Libre*, 5 juin 2021.

fiscales mondiales[6], restent exclus. Tant que l'hypocrisie et l'intérêt de la haute finance seront au pouvoir, les listes resteront dans l'entre-deux des nuances de gris.

En février 2021, *Le Monde* publiait une enquête au long cours sur les pratiques fiscales du Luxembourg. L'affaire OpenLux occupa le devant de la scène médiatique quelques jours. L'exploitation des registres financiers du Grand-Duché révélait que les sociétés offshore continuent d'y prospérer ; 55 000 sociétés offshore y gèrent des actifs dont la valeur atteint 6 500 milliards d'euros. Pour mémoire, le budget de la France en 2020, une année Covid, atteignait 450 milliards d'euros en dépenses et 263 milliards en recettes.

Parmi les 50 familles les plus riches de France, 37 sont présentes au Luxembourg. Elles y détiennent au moins 92 milliards d'euros d'actifs abrités dans 535 sociétés. Ce scandale public récent démontre une nouvelle fois la profondeur du mal et confirme que toute la machinerie de l'évasion continue de fonctionner. Rien ne bouge. Les bénéficiaires et les maîtres du système qui les protègent jouent la montre. Observation révélatrice, le gouvernement français n'a pas eu un mot de commentaire sur ces informations. Par contre, il s'apprête à présenter la facture de la pandémie !

6. « Justice fiscale : état des lieux. 2020 – La justice fiscale à l'ère du Covid-19 », *op. cit.*

S'attaquer aux paradis fiscaux, ainsi assécher les courants financiers qui les irriguent, est pourtant à portée de main. L'histoire nous apprend qu'il existe pour cela une arme radicale. **À l'échelle de notre continent, c'est la Banque centrale européenne qui en dispose. Elle peut interdire et bloquer tous les flux financiers en direction d'un État sur lequel nous aurions un doute**. Déjà, en mars 2013, Mario Draghi, président de la BCE, avait organisé le blocus monétaire de Chypre. Il ne s'agissait pas, à l'époque, de s'attaquer à un « paradis fiscal ». Il voulait contraindre le gouvernement chypriote à accepter le plan de sauvetage de l'économie et ses conditions drastiques. La BCE a ainsi utilisé son arme de dissuasion massive : le blocus monétaire. Elle a prévenu qu'elle n'alimenterait plus les banques chypriotes en liquidités tant que le plan de sauvetage UE/FMI ne serait pas accepté. En conséquence, le ministre des Finances de Chypre et le gouverneur de la Banque centrale n'eurent d'autre choix que de laisser les banques fermées jusqu'à nouvel ordre. Un analyste de la Deutsche Bank eut ce commentaire : « Les déposants ne pourraient plus retirer du cash faute de billets suffisants et ceux qui voudraient faire des virements à l'étranger se verraient répondre que c'est impossible, car la banque n'est plus autorisée à le faire par la BCE. »

Autre mesure qu'il serait aisé de prendre, l'interdiction de la pratique des « passeports dorés » ou « golden visas ». Le phénomène a pris de l'ampleur. Des pays délivrent des passeports ou certificats de résidence dits « dorés » à de richissimes investisseurs contre une forte rémunération. Une liste « noire » de ces États a été établie. Leurs prix s'étalent de 100 000 à plusieurs millions d'euros.

L'OCDE a épinglé 21 pays qui vendent leur nationalité contre du cash. Huit pays de l'Union européenne accordent leurs nationalités à des étrangers fortunés. En tête de gondole, le passeport de Malte : il est accessible pour 1 million d'euros et des conditions de résidence peu contraignantes ! Les paradis fiscaux sont évidemment les premiers fournisseurs de ces passeports. Ils illustrent une véritable contrebande d'État, même s'ils sont parfaitement légaux. En effet, les règles européennes sont respectées, mais ce commerce, immoral, sent le soufre. Ces titres de nationalité sont utilisés à des fins douteuses : évasion fiscale, blanchiment, criminalité… Sacrée aubaine pour les fraudeurs en tout genre. L'OCDE s'en inquiète, mais sans excès, se contentant de demander un contrôle et un cadre pour réglementer. Pourquoi ne pas décider d'interdire tout simplement de telles pratiques, scandaleuses, au sein de l'Europe ?

Une volonté politique coordonnée à l'échelle internationale, européenne pour commencer, permettrait de neutraliser les paradis fiscaux en maîtrisant tous les flux financiers qui y sont destinés comme les pratiques douteuses associées.

Une Organisation mondiale de la finance (*cf.* piste n° 1) doit aussi avoir cette mission. Poser des verrous sur les flux financiers vers les paradis fiscaux est une mesure accessible et réaliste. En quelques heures, la décision avait été prise à l'égard de Chypre. Dans un contexte sans commune mesure, la fermeture ou le filtrage fin des réseaux de transfert de capitaux dans les paradis fiscaux pourraient être décidés sans délai. Jean Ziegler confirme la recette à appliquer : « Comment assécher les paradis fiscaux ? Il y a une seule solution. C'est refuser toute transaction financière et de paiement. Ouvrir au nom d'une société offshore d'un paradis fiscal un compte à Zurich ou à Paris pour faire fructifier son argent, cela doit être interdit. Assécher les paradis fiscaux est la seule façon de mettre fin à l'évasion fiscale légale[7]. »

Flux interrompus, activités spéculatives en déroute, il restera à reconvertir les paradis fiscaux, redonner à ces territoires une économie tournée vers l'équité, la justice au service des populations et non au profit d'entités nébuleuses servant haute finance et ultra-riches. En taxant, même modestement, les bénéficiaires de ces paradis, il sera aisé de financer leur reconversion. Et si on tentait la banane sous serre à Jersey ?

---

7. « Une seule solution : refuser toute transaction avec les paradis fiscaux », *L'Humanité*, hors-série « Évasion fiscale : les dessous d'un système », octobre 2018.

PISTE N° 6

Repenser la lutte contre l'impunité fiscale

« Le plus grand mal, à part l'injustice, serait que l'auteur de l'injustice ne paie pas la peine de sa faute. »

Platon[1]

Rendons hommage à ces lanceurs d'alerte, aux journalistes d'investigation, l'ICIJ notamment, qui, au cours de la dernière décennie, ont fait prendre conscience de la profondeur du scandale de l'évasion fiscale. Nous les avions déjà cités dans notre ouvrage de 2016. Depuis, le palmarès noir des affaires s'est encore étoffé. Remémorons-nous ces spirales de la fraude financière et fiscale : UBS Leaks, LuxLeaks, LGT (Liechtenstein Global Trust), HSBC Genève, île d'Arros (Liliane Bettencourt), affaire Cahuzac, Offshore Leaks, Swiss Leaks, Panama Papers, Paradise Papers, Football Leaks, CumEx Files, OpenLux…

1. Philosophe grec, IVe siècle avant J.-C.

À chaque occasion, presse écrite, télévisée, médias en ligne ont ouvert les yeux sur ces scandales insolents et insultants. Mais l'indignation a rapidement laissé la place à d'autres préoccupations médiatiques. Il nous apparaît vital de tirer les leçons de cette cascade de scandales pour se décider à agir en sortant des discours, des décisions molles pour des actes tranchants.

On nous rebat les oreilles avec la nécessité de limiter les dépenses publiques, il est temps de s'inquiéter de rendre aux recettes le niveau qu'elles pourraient atteindre si le vol en bande organisée des finances publiques en France, en Europe et dans le monde était combattu et poursuivi. La grande évasion fiscale n'est pas un art à la portée de tous. Elle met en œuvre des mécanismes juridiques et financiers complexes. En face, constatation aggravante, l'administration fiscale comme la justice manquent de moyens pour agir. Pire, ces faits troublants mis en exergue après le scandale des Panama Papers : bien que les autorités compétentes aient été informées de la complicité active de grandes banques dans les mécanismes d'évasion fiscale, ces autorités n'ont pas daigné engager des processus de sanctions.

Dans chacun des scandales portés sur la place publique, les banques et d'autres intermédiaires financiers ont été impliqués. Ils ont aidé les entreprises et particuliers à utiliser les mécanismes qui leur permettent d'échapper à l'impôt. Est-il possible d'accepter que ces « professionnels du chiffre » puissent continuer benoîtement cette sale besogne de mettre au point des montages financiers sulfureux associant des sociétés offshore, des sociétés-écrans administrées par des prête-noms fictifs, etc. ? Non, ce n'est plus acceptable.

La responsabilisation des conseils a été mise en avant par le gendarme de l'audit, le Haut Conseil du commissariat aux comptes. Ainsi, il a condamné en 2021 le cabinet Mazars à une amende de 400 000 euros et à une interdiction d'exercer avec sursis et deux entités du cabinet PricewaterhouseCoopers à un blâme et à une amende de 50 000 euros pour n'avoir pas décelé le trucage des comptes de « Mamie Cassoulet », patronne de la maison mère du groupe William Saurin, pendant dix années. À son décès, en 2016, elle laissait une dette de 300 millions d'euros et 3 200 emplois en jeu. Ni Mazars ni PwC n'avaient rien vu ! Mais pourquoi les autorités de contrôle qui sanctionnent le scandale ne pouvaient-elles détecter les manquements ni empêcher les montages comptables d'évasion fiscale ?

Il faut injecter de l'éthique dans l'organisation et les pratiques de ces cabinets de conseil. À commencer par les leaders du marché, ceux que l'on a baptisés les « Big Four », les Deloitte, PricewaterhouseCoopers (déjà cité), Ernst & Young, KPMG. Plutôt méconnus du grand public (à qui l'on a surtout vendu, voici quelques années, la puissance des agences de notation, aujourd'hui disparues du paysage médiatique), ils occupent une place essentielle dans le capitalisme financier mondialisé. **Il n'est pas acceptable que perdure ce rôle double, à la fois d'audit et de conseil.** Ces cabinets pratiquent de fait un double jeu : d'un côté, ils assurent une mission de régulation en tant qu'instance de validation comptable et, de l'autre, ils offrent une panoplie de services permettant à ces mêmes clients, multinationales et autres, d'échapper aux contraintes de ces régulations. Ainsi offrent-ils les instruments propres à maintenir la discrétion, voire l'opacité sur leurs tours de passe-passe fiscaux.

De nouvelles dispositions législatives et réglementaires doivent être mises en œuvre pour assainir l'activité de ces cabinets de conseil et les reconvertir vers des missions socialement utiles :

— **rendre public un rapport d'activités détaillé pour chacun des pays où ils sont implantés** faisant toute la lumière sur les flux financiers internes aux entreprises, les impôts payés et le contrôle capitalistique des sociétés ;

— **la séparation entre les opérations d'audit et celles de conseil afin d'enrayer les conflits d'intérêts.** Cette séparation effective serait la condition d'obtention de la licence d'audit au sein de l'Union européenne ;

— **rendre responsables ces cabinets** de l'usage de leurs préconisations dans tous les pays du monde où ils opèrent.

Il s'agit ainsi de les désigner au même titre que les auteurs directs, complices et coresponsables des opérations d'évasion fiscale. Il est essentiel que ceux-ci soient nommés, responsabilisés. Et ce sera bonne justice que tous ceux qui concourent à la fuite fiscale ne restent pas impunis. « Il est nécessaire que les comportements liés à la grande fraude fiscale soient incriminés pour qu'ils puissent être considérés comme délits et espérer une réaction sociale. Les effets collatéraux sont en effet abstraits et ne sont pas perceptibles immédiatement. Nous sommes pourtant tous des victimes qui s'ignorent de la criminalité en col blanc », écrivent les sociologues Pierre Lascoumes et Carla Nagels[2] en soulignant la coûteuse délinquance des élites.

Case prison

L'impunité reste sans limites ! Comment s'étonner que la fraude, sport planétaire aux mille visages, prospère ? Malgré l'indignation partagée à longueur de discours, malgré la promesse législative de peines alourdies, la réalité des faits est que peu de fraudeurs passent effectivement par la case prison.

La juriste Katia Weidenfeld et le sociologue Alexis Spire expliquent[3] comment le traitement de la fraude fiscale leur

---

2. *Sociologie des élites délinquantes*, Armand Colin, 2018.
3. France Culture, le 20 février 2018, à propos de *L'Impunité fiscale. Quand l'État brade sa souveraineté*, La Découverte, 2015.

est apparu comme un révélateur de l'inégalité devant l'impôt : « Les plus aisés disposent de moyens de négocier en transigeant, en évitant la sanction pénale et quand ils n'arrivent pas à ce stade-là, ils se retrouvent devant le juge et ne sont pas sanctionnés de la même manière que d'autres délinquants. »

En France, pays des droits de l'homme, le bras de la Justice reste entravé. La fraude fiscale est l'un des rares délits face auquel elle ne peut enquêter et agir de sa propre initiative. Le domaine reste dans le champ d'action du ministère des Finances. Il exerce le pouvoir absolu du sacro-saint verrou de Bercy, toujours actif malgré quelques aménagements concédés devant la pression populaire. La saisine de la justice reste le privilège de l'administration fiscale après le recueil d'un avis d'une commission *ad hoc* ! Royal pouvoir ! D'une manière générale, à l'issue du contrôle fiscal pour présomption de fraude, la procédure se conclut par un redressement accompagné de pénalités.

Même si le ministère décide de saisir la justice, le fraudeur garde, jusqu'au bout des poursuites, son avantage. Les exemples ne manquent pas de ces affaires fiscales judiciarisées dont le gagnant ultime reste le coupable de fraude. Le cas de la banque UBS est très éclairant.

L'origine du scandale UBS remonte à plus de dix ans, quand la banque suisse prospectait une clientèle française de VIP huppés pour leur proposer des solutions d'évasion fiscale. L'affaire est restée dans les mémoires, comme celle des fameux « carnets du lait », ces documents papier où les banquiers suisses notaient les contacts et les montants récoltés. Ces pratiques de la banque furent dénoncées par des lanceurs d'alerte : Nicolas Forissier, responsable de l'audit interne, qui fut licencié, et Stéphanie Gibaud, chargée du marketing, licenciée elle aussi.

Le manque à gagner pour le fisc français fut évalué à 9,7 milliards d'euros. À l'issue du premier procès, la justice infligea une sanction chiffrée à 3,7 milliards d'euros en février 2019. L'amende fut présentée comme une amende record. Pourtant, c'était déjà loin des 9,7 milliards d'euros.

L'affaire a été de nouveau jugée par la cour d'appel de Paris, qui doit rendre son arrêt à la fin du mois de septembre 2021. Le parquet a demandé une amende d'un minimum de 2 milliards d'euros, et l'État, partie civile, une réparation à hauteur de 1 milliard. Au cours de ces audiences, UBS a invoqué, culot ultime, « une atteinte à la souveraineté helvète » pour se défendre des accusations portées. Attendons le jugement, mais parions qu'*in fine* UBS[4]

---

4. À noter que la banque UBS a été sanctionnée – au même titre que trois autres établissements – en mai 2021 par la Commission européenne pour entente illégale dans le but de fausser la concurrence sur le marché obligataire. Trois des sept banques associées dans cette entente ont été sanctionnées. L'amende pour le numéro un bancaire suisse s'élève à 172,4 millions d'euros.

aura épargné une somme rondelette par le biais de ses pratiques de trichefisc ! Même l'avocat général en a été réduit à exprimer son impuissance au cours du procès en appel : « Cette loi, je ne peux la contrer, mais elle est étriquée et ne permet pas de lutter efficacement contre l'évasion fiscale et le blanchiment. »

Il est temps de prendre des décisions puissantes s'inspirant des contraintes de la loi FATCA, votée en 2010 aux États-Unis. Elle exige de tous les établissements bancaires, fonds d'investissement, sociétés d'assurances de tous les pays du monde de faire connaître à l'administration fiscale fédérale les avoirs que tout citoyen américain détient dans leurs comptes. La contrainte est forte, puisque les États-Unis peuvent aller jusqu'à suspendre les licences d'activités sur leur sol des banques ou établissements qui ne se soumettraient pas aux règles.

Dans le même esprit, **il faut donner au parquet national financier (PNF) mis en place après l'affaire Cahuzac les vrais moyens et la latitude d'agir pour faire appliquer la loi.** Or on voit combien celui-ci est brocardé par tous ceux qui veulent tricher à leur guise ! En 2018, la procureure de la République du PNF, Éliane Houlette, regrettait une situation où « une grande partie des fraudeurs fait finalement l'objet d'un autre traitement dont on ne peut apprécier la gravité du comportement, et ce comportement n'est pas soumis à l'autorité judiciaire. J'y vois une atteinte à l'égalité devant la loi[5] ».

Tristes héros

Deux exemples illustrent la minceur des sanctions à mettre en balance avec la hauteur de l'indignation. Appelons à la barre Jérôme Cahuzac, symbole national, signataire d'un scandale des scandales : le ministre chargé de la lutte contre la fraude fiscale pris la main dans le sac pour fraude lui-même. L'affaire fit grand bruit, celle de l'évasion fiscale enrichie du mensonge au sommet de la République !

« Le procès de Jérôme Cahuzac pourrait servir d'exemple », titrèrent *Les Échos*. Lors de celui-ci, le procureur promit que son nom serait bientôt associé à une « jurisprudence ». Que nenni ! Camouflet ! La justice décida d'une peine de quatre années de prison, dont deux avec sursis. Le procès en appel limita la peine de privation de liberté au simple port d'un bracelet électronique dans sa propriété de Corse du Sud ! Le bracelet a été retiré du mollet de Jérôme Cahuzac à l'automne 2020 et sa peine considérée comme terminée. Qui empêchera de penser que le message de

5. Audition devant les députés de la Mission d'information sur les procédures de poursuite des infractions fiscales, 16 janvier 2018.

la justice est celui de la mansuétude ? Quand mettra-t-on fin à la main de justice qui tremble ?

Autres figures emblématiques, celles des époux Balkany. Même logique pour Isabelle et Patrick. Condamné à neuf ans de prison, Patrick Balkany s'en tire, *in fine*, avec le port d'un bracelet électronique. « Si je compare cette contrainte à la prison, je préfère cette contrainte », a-t-il commenté ! Quant à son épouse, Isabelle, porteuse elle aussi du fameux bracelet, elle a été invitée sur les plateaux télé, comme chroniqueuse dans l'émission « Balance ton poste », chez Hanouna. Vous avez dit « décadence » ?

Morale de l'histoire, si la justice en reste à ce niveau de peine anecdotique, la délinquance fiscale a encore de beaux jours devant elle. Il est temps de renoncer à toute indulgence à son égard.

PISTE N° 7

Bâtir une fiscalité mondiale juste, démocratique

« Il n'y a ni justice ni liberté possibles lorsque l'argent est toujours roi. »

Albert Camus[1]

Comme nous l'avons écrit plus haut, le rôle irremplaçable de l'État, garant de la sécurité et de la solidarité, s'est réaffirmé dans la lutte contre la pandémie. Voilà qui renvoie le discours dominant des dernières décennies aux archives de l'histoire. La doxa prônant le « moins d'État » a été prise en défaut. Le « laisser-faire » d'un marché autorégulé et d'un État, simple spectateur ou presque, aux moyens constamment rabotés, ça ne marche pas. Son intervention[2]

1. *Combat*, 21 octobre 1944.

2. Notons qu'au Danemark et en Pologne l'État réserve ses aides aux entreprises qui ne sont pas présentes dans les paradis fiscaux. Au Danemark, les entreprises qui versent des dividendes, rachètent leurs propres actions ou sont enregistrées dans des paradis fiscaux ne sont éligibles à aucun des programmes d'aide du gouvernement.

a été déterminante pour empêcher un effondrement total. Les prêts garantis aux entreprises, les aides sociales, avec la capacité de l'État à emprunter sur les marchés financiers, ont joué un rôle essentiel.

Quasi-déconfiture pour les néolibéraux qui font prospérer l'idée d'une société du « moins d'État » et donc du « moins d'impôts ». Une société organisée sans la contribution de chacun, c'est une société sans État, un retour à l'état de jungle où le plus fort domine sans se soucier de l'esprit qui fonde notre mode de vie en société.

Alors, pourquoi les impôts ? Henry Morgenthau, secrétaire d'État au Trésor américain de Roosevelt, s'exprimait déjà en 1937, en commentant les techniques d'évasion fiscale : « Les impôts sont le prix à payer pour une société civilisée, trop de citoyens veulent la civilisation au rabais. » Peut-on mieux dire ?

Dans notre République, ce pilier fondateur est reconnu, inscrit dans la Déclaration des droits de l'homme et du citoyen de 1789 : « Pour l'entretien de la force publique et pour les dépenses d'administration, une contribution commune est indispensable, elle doit être également répartie entre tous les citoyens, en raison de leurs facultés. »

Ainsi s'établit ce principe essentiel de notre société, celui du consentement à l'impôt, en contrepartie de services publics, éducation, santé, sécurité notamment. Ce consentement est fragilisé. L'inégale répartition de la charge, la faiblesse de la progressivité de la contribution, et surtout l'injustice fondamentale que créent les stratégies d'évitement, d'évasion utilisées par les détenteurs des plus gros patrimoines et par les grands groupes multinationaux sont autant de principes destructeurs. Une observation partagée par l'entrepreneur Xavier Niel en personne, qui a déjà qualifié la France de « paradis fiscal pour les entrepreneurs ».

Force est de constater que les plus riches et les plus ingénieux bénéficient de près de 500 niches fiscales, grevant d'une centaine de milliards d'euros le budget de l'État. Des bataillons d'avocats fiscalistes organisent des montages si sophistiqués que le gouvernement a dû renforcer la notion d'abus de droit, une preuve de son incapacité à élaborer des règles claires et justes.

Le débat sur le sens de l'impôt s'est renforcé depuis l'irruption de la pandémie, véritable accélérateur d'injustices. Jean-Michel Bretonnier, éditorialiste de *La Voix du Nord*[3], pointait ceci au printemps 2021 : « Depuis quarante ans, la plupart des politiques nationales procèdent à une réduction continue de l'impôt sur les sociétés, baisse qui profite surtout aux plus importantes. »

Et il poursuit : « Nos puissances publiques ont dépensé des sommes considérables pour que nos économies ne

3. *La Voix du Nord*, 12 avril 2021.

meurent pas du Covid, les très grandes entreprises aideraient utilement à rembourser la dette et à investir dans les infrastructures publiques. » Paroles d'or ! Des propos qu'il n'est pas seul à avoir formulés et qui évoquent directement cette proposition de l'acteur Vincent Lindon, en mai 2020, de créer une « taxe Jean Valjean » sur les plus riches pour financer les actions de solidarité.

Esther Duflo, professeure au Massachusetts Institute of Technology, prix Nobel d'économie, plaide aussi pour un nouveau système d'imposition. Ainsi explique-t-elle que la crise est l'occasion d'encourager un « système d'imposition très progressif » dans les pays développés : « Comment financer à la fois les transferts aux plus pauvres qui leur permettront de soutenir leurs consommations et les systèmes de santé qu'il va falloir reconstruire ? Le financement par l'impôt sur les hauts revenus[4]... semble le moyen le plus raisonnable et le plus réaliste. »

Sur le plan international, la dynamique d'une nouvelle approche semble être engagée, au moins dans le discours. En témoigne les propositions du président américain. Elles illustrent une reconnaissance au plus haut niveau de l'injustice née de l'évasion fiscale et d'un retour de l'État comme garant de la santé et des règles

4. Plus de 3 500 ménages, les plus riches de France, planquent 140 milliards d'euros dans les paradis fiscaux, 7 % de notre PIB national, selon l'hebdomadaire *Marianne*, 13 septembre 2017.

d'un fonctionnement équilibré de l'économie. « En 2019, 91 entreprises du classement Fortune 500, les plus grandes entreprises du monde, y compris Amazon, utilisaient diverses échappatoires, explique Joe Biden, pour ne pas payer un seul cent d'impôt fédéral. Je ne veux pas les punir mais cela ne va pas. Un pompier et un enseignant paient 22 % ! Amazon et 90 autres grandes entreprises ne paient aucun impôt fédéral ! Je vais mettre un terme à cela » : le constat du premier des Américains, à Pittsburgh en mars 2021, traduit bien un désarroi profond au pays du libéralisme. Biden prêt à tourner le dos à Reagan, à Thatcher ? La voie est peut-être ouverte, mais les obstacles ne manquent pas ; en premier lieu dans les milieux d'affaires américains.

Le leader américain avait proposé, dans une première déclaration, un taux minimum global d'imposition chiffré à 21 % des bénéfices réalisés hors des États-Unis par les multinationales américaines. Les bénéfices réalisés dans un pays où le taux d'imposition est inférieur à 21 % seraient directement taxés jusqu'au niveau de ce taux, sans recours possible. Les transferts entre pays deviendraient inutiles en raison de l'égalisation effective des taux.

Une telle nouvelle norme d'imposition ne ferait pas l'affaire des pays qui taxent au plus bas les bénéfices des entreprises. L'Irlande, qui avait refusé le bonus fiscal lié à une surtaxation d'Apple, ne partage pas les vues de l'administration américaine. Comme tous les pays où les multinationales délocalisent leurs bénéfices, la verte Irlande devrait freiner des quatre fers dans toutes les négociations pour ne pas perdre son avantage concurrentiel.

Aujourd'hui, comme Malte, l'Irlande et le Luxembourg ont déjà fait part de leurs réticences pour une proposition qui dépasse celle déjà en négociation. Le Royaume-Uni, lui, dans un premier temps, a carrément refusé de soutenir la position américaine et le taux proposé pour protéger la City.

Depuis ses premières déclarations, le président américain est revenu en arrière en concédant un taux réduit à 15 %. Le monde du business et de la finance n'a donc pas tardé à faire pression.

Ce qui reste remarquable, c'est l'évolution des positions. « À l'ouest, du nouveau ! », écrit l'éditorialiste de *L'Humanité*[5]. Le Fonds monétaire international a avancé l'idée d'une taxation supplémentaire, même temporaire, « sur les particuliers les plus riches et les entreprises qui profitent de la pandémie ».

Ces premiers pas pourraient peut-être marquer l'aube d'une nouvelle période. Mais la prudence reste de mise. Margrethe Vestager, vice-présidente de la Commission européenne, chargée du numérique et de la concurrence,

5. *L'Humanité*, 12 avril 2021.

avoue[6] elle-même : « La créativité pour faire de l'évasion fiscale est sans borne. Le président Benjamin Franklin disait qu'en ce monde rien n'était certain à part la mort et les impôts. J'y ajouterais l'évasion fiscale. Cette nouvelle taxe constituera un pas de géant dans la lutte contre l'évasion fiscale, mais ce ne sera pas la fin de l'évasion fiscale. »

Comment mieux souligner les limites de la réorientation fiscale décidée lors du sommet des ministres des Finances du G20 à Venise les 9 et 10 juillet 2021 ? Il s'agit d'imposer à 15 % minimum les multinationales faisant plus de 750 millions d'euros de chiffre d'affaires et de redistribuer 20 à 30 % du surplus de profits dans les pays où elles réalisent des bénéfices sans y être implantées. Les GAFAM sont les premiers touchés par la mesure, promise à l'application dès 2023. Les modalités techniques doivent être entérinées en octobre 2021 à Rome. Le bonus fiscal mondial est estimé à 150 milliards de dollars.

Les ministres des Finances, à l'issue du sommet, ont tous entonné des hymnes de victoire. Et sur le ton du dithyrambe, on entendit parler de « réforme révolutionnaire », de « victoire historique » et selon notre ministre, Bruno Le Maire, « c'est une révolution fiscale comme il y en a une par siècle ». Diable ! La pression citoyenne dans le monde est à l'origine de ce tournant. « C'est une chose

6. « Il est beaucoup trop tôt pour envisager un second plan de relance européen », *Les Échos*, 17 mai 2021.

que l'opinion publique ne continuera plus à accepter », diagnostiquaient les quatre ministres de l'Économie de France, Bruno Le Maire, d'Italie, Daniele Franco, d'Allemagne, Olaf Scholz et d'Espagne, Nadia Calviño dans une tribune[7] publiée en juin 2021 pour appeler à la création d'un système fiscal international. Saluons la prise de conscience de ces ministres adoptant un constat établi et documenté par les études d'économistes, d'ONG et de militants progressistes ! De fait, les opinions publiques mondiales ne supportent plus les injustices fiscales monumentales, les fractures nées de la mondialisation libérale. Au surplus, elles dénoncent le décalage persistant entre les déclarations fracassantes et les renoncements politiques des gouvernants des États. Personne n'a oublié le fameux « les paradis fiscaux, c'est fini » (déjà cité) de Nicolas Sarkozy. Ainsi, sans nier la portée du virage, théorique, opéré sur les bords de la lagune, il faut l'analyser avec mesure et lucidité.

La porte vient de s'entrouvrir ; il convient de poser le pied dans l'entrebâillement et de pousser pour une ouverture réelle, la seule permettant d'engager une véritable justice fiscale mondiale.

Lison Rehbinder, chargée de plaidoyer au CCFD-Terre Solidaire, souligne les lacunes de l'accord : « Si le taux d'imposition minimum effectif reste défini à 15 %, cela

---

7. « A global agreement on corporate tax is in sight – let's make sure it happens », tribune, *The Guardian*, 4 juin 2021.

risque de graver dans le marbre une faible imposition des multinationales et une course à la baisse des taux, alors que les États ont besoin de recettes fiscales pour faire face aux grands défis actuels, comme la réduction des inégalités et les dérèglements climatiques[8]. »

Analyse convergente de Gabriela Bucher, directrice d'Oxfam International : « Non seulement l'accord laisse encore des failles aux multinationales pour pratiquer l'évasion fiscale mais il devrait accentuer les inégalités entre pays riches et pays pauvres. Un accord juste aurait permis une meilleure redistribution des droits à taxer. Mais 60 % des recettes de l'impôt minimum seront captées par les pays du G7. Les pays en développement, qui représentent plus d'un tiers de la population mondiale, ne devraient percevoir que 3 % des recettes[9]. »

Fixé à 15 %, le taux reste très éloigné des préconisations du panel de l'ONU sur « la responsabilité, la transparence et l'intégrité financières internationales » appelant à un taux compris entre 20 et 30 %, ou encore de l'estimation des experts de l'ICRICT[10], dont Joseph Stiglitz et

8. « Réaction du CCFD-Terre Solidaire aux annonces du G20 Finances sur les réformes fiscales internationales », communiqué CCFD-Terre Solidaire, 10 juillet 2021.
9. « L'impôt mondial de 15 % à l'OCDE, un accord taillé pour les riches », communiqué Oxfam du 2 juillet 2021.
10. Independent Commission for the Reform of International Corporate Taxation.

Thomas Piketty, fixant le taux efficace à 25 %. Le taux retenu à Venise est insuffisant. Il doit permettre à la France de récupérer 5 milliards d'euros, qui représentent bien peu par rapport aux 100 milliards qui s'évadent chaque année de ses recettes fiscales. Un taux à 25 % permettrait de pousser le bonus à 22 milliards pour la France et 170 pour l'Union européenne.

Le diable est dans les détails

Les critères de taxation restent à définir et surtout à clarifier. Dans le projet actuel, une multinationale comme Amazon pourrait y échapper. L'épure est à remettre sur la table de travail. Le modèle proposé ne prend pas en compte la nécessité de taxer les géants du numérique à la hauteur de leurs activités au sein de leurs différents marchés. Enfin, si on superpose à ce premier calque celui de la controverse entre Européens et Américains sur la taxation des géants du numérique, l'évidence s'affine : Jeff Bezos dispose d'une large fenêtre de tir pour contempler depuis l'espace le marché planétaire de sa société et les administrations fiscales qu'elle contourne.

Ainsi, ce sont les modalités d'application qui moduleront la portée de ce premier pas fiscal. Il y a tout lieu de se méfier d'une réforme en trompe-l'œil. « Qu'en sera-t-il de l'assiette d'imposition ? », alerte le Conseil des prélèvements obligatoires, institution associée à la Cour des comptes. « La focalisation sur les taux de 15 % ne doit pas occulter ce débat et les nombreuses chausse-trapes possibles », commente son vice-président, Patrick Lefas[11].

Exemple : dans notre pays, chaque année, les entreprises françaises expédient 34 milliards d'euros de profits vers des paradis fiscaux, pour l'essentiel vers la Suisse, les Pays-Bas et le Luxembourg, a chiffré le Conseil d'analyse économique auprès du Premier ministre. Les profits réellement réalisés dans ces pays seraient retirés de l'assiette. Comment seront donc calculées ces exemptions ? Autant de détails à préciser quant aux périmètres de la taxation ; aujourd'hui, le flou permet toutes les interprétations. Ce flou, deux débatteurs le relevaient lors d'un duel sur la chaîne LCI[12] : l'éditorialiste François Lenglet et le philosophe Luc Ferry, ancien ministre. Ainsi le premier soulignait « l'avancée incontestable des décisions » de Venise pour remarquer que « le diable est dans les détails... du principe à la taxation, il y a une série d'étapes ». Quant au second, il tranchait : « Le taux de 15 % est ridicule, ça ne sert à rien. »

Selon l'accord de Venise, il apparaît que 132 pays ont signé le principe négocié sous l'égide de l'OCDE, sept campant sur une position d'hostilité ou de neutralité. Les 132 représentent 90 % du PIB mondial. Annoncer la mise en place de la nouvelle taxe dès 2023 nous paraît

11. « Les chausse-trapes du futur impôt mondial », Isabelle Couet, *Les Échos*, 8 juillet 2021.

12. *En toute franchise*, LCI, 11 juillet 2021.

présomptueux. On sait que les négociations multilatérales représentent un chemin long et tortueux. On sait aussi que les magnats de la finance et les champions du dumping fiscal ne sont pas restés à bâiller aux corneilles et à se résigner. Les lobbies de la finance, du business sont montés au front et Joe Biden a reculé sous la pression. Aujourd'hui, le projet doit être adopté par l'ensemble des parlements des pays signataires, dont le Congrès américain où une majorité n'est pas mécaniquement acquise aux desseins, même revus, du Président.

Dans cette partie, les Américains ne reculent pas devant un double jeu. Les États-Unis se tiennent toujours en dehors des premiers accords internationaux pour répartir des droits d'imposition entre les États. La législation étasunienne favorise les multinationales nées sous la bannière étoilée. Donald Trump a accentué l'esprit de non-coopération et le changement de contexte avec le nouveau Président n'est pas synonyme de révolution. « Les États-Unis restent le principal obstacle à la lutte contre l'évasion fiscale internationale car elle va contre les intérêts de leurs multinationales », souligne Dominique Villemot, avocat, président du think tank Démocratie Vivante[13].

Aujourd'hui, rien n'est acquis. Aux citoyens, aux peuples du monde de se mêler au débat. Il est illusoire, à notre sens,

---

13. « Impôt minimum mondial : le double jeu des Américains », *Les Échos*, 13 juin 2021.

d'attendre de bons et justes choix de la part des gouvernants du G20, pays les plus riches du monde sous domination des maîtres du capitalisme financier et des États-Unis. Londres en juin 2021, Venise en juillet et, sans nul doute, Rome en octobre illustrent des compromis au rabais.

La révolution nécessaire dans l'imposition des grandes entreprises, multinationales en tête, concerne tous les peuples. Ces décisions nous concernent tous, nous, citoyens du monde dont les destins individuels sont intimement liés à la réussite collective. La décision de fixer une taxe mondiale sur les profits va dans le bon sens, mais le chemin reste semé d'embûches, et c'est aux femmes et aux hommes de tous les pays de se mobiliser, de pousser à la roue.

Pourquoi ne pas lancer une **pétition mondiale** – les outils numériques le permettent ! – **pour une taxation juste, à 25 % comme taux minimum, transparente et sans délai ?** Nous versons cette proposition au débat.

Idées innovantes

Des personnalités ont avancé des propositions innovantes pour détecter ces fleuves souterrains de l'évasion fiscale qui érodent les fondations européennes.

Nous approuvons l'idée de Gabriel Zucman, économiste, proposant la création d'un cadastre financier, outil d'une véritable transparence fiscale. Il préconise cette innovation sur le plan mondial[14], dont un volet régional serait consacré à l'Europe. Ce cadastre indiquerait qui possède l'ensemble des titres financiers en circulation, les actions, les obligations, les parts de fonds d'investissement ainsi que les produits dérivés. Un tel cadastre permettrait aux administrations fiscales de connaître les véritables bénéficiaires des richesses. Au-delà de la justice fiscale, le cadastre serait un outil opportun de régulation des marchés financiers.

Enfin, **le chantier de l'harmonisation fiscale au sein de l'Europe doit, lui aussi, être engagé sans délai**. Pour garantir l'efficacité du débat et l'avancement des projets, **la règle de l'unanimité entre les États membres doit être abandonnée**. Ce serait une avancée quasi révolutionnaire au regard de l'histoire de l'Europe. Elle éviterait qu'un seul État, Malte, Chypre, les Pays-Bas ou le Luxembourg par exemple, puisse s'opposer à tout progrès sur le terrain de la solidarité fiscale continentale. L'Irlande est aussi membre du club et farouchement opposée au projet de taux minimum de l'impôt sur les sociétés, 15 % voire plus, elle qui joue de son taux de 12,5 % comme d'un levier de son développement économique depuis les années 1980.

La réforme internationale de l'impôt sur les sociétés, la suppression des zones franches, l'approfondissement

---

14. *La Richesse cachée des nations*, La République des idées, Seuil, 2017.

de l'échange des informations entre administrations fiscales, le compte rendu détaillé des activités des banques, des grandes entreprises, de leurs filiales, pays par pays, le registre, élargi au monde, des propriétaires et bénéficiaires des trusts, fiducies, etc., font partie des décisions européennes qui doivent être engagées ou renforcées.

Autant d'initiatives qui permettront de refonder l'Europe sur des principes de démocratie. Notons que la Commission européenne a proposé, en mai 2021, un nouveau plan pour réduire les incohérences fiscales au sein de l'Union et notamment instaurer une règle unique pour l'imposition des sociétés. Des mesures sont aussi annoncées pour lutter contre l'utilisation abusive des sociétés-écrans. Si l'intention est louable, reste à voir le progrès des négociations entre les membres.

La France va présider l'Union européenne durant le premier semestre de 2022. L'opportunité se présente donc pour qu'elle prenne l'initiative de mesures fortes contre l'évasion fiscale. Le président de la République sera-t-il à la hauteur de l'enjeu essentiel ? « *Hic Rhodus, hic salta !* », écrit Ésope dans une fable, à l'intention d'un athlète se vantant d'un saut gigantesque à Rhodes et lui enjoignant de montrer ce dont il est capable.

Sur le terrain français, rappelons aussi cette piste de travail que les députés du groupe de la gauche démocrate et républicaine à l'Assemblée nationale avaient soumis au débat, une proposition visant à **instaurer le prélèvement à la source pour l'impôt sur les sociétés des entreprises françaises,** sachant que 40 % des profits des multinationales, soit 600 milliards de dollars, échappent à l'impôt grâce au transfert des bénéfices dans des paradis fiscaux.

Enfin, il importe de redonner au barème de l'impôt sur le revenu une plus grande progressivité. En 1987, ce barème comptait 14 tranches, avec un taux supérieur, fixé au maximum de 65 %. Depuis, le barème a été régulièrement abaissé. Aujourd'hui, il ne compte plus que 5 tranches et un taux maximal de 45 % qui s'applique sur la tranche de revenus supérieure à 158 000 euros par an.

PISTE N° 8

Dissoudre en partie la dette ou la rembourser

« La dette est une construction artificielle créée par des banques avec le consentement des États pour dépouiller les peuples et en faire des esclaves à leur solde. Les gouvernements sont au courant et ils laissent faire. »

Michel Rocard

Présentée souvent par les économistes libéraux et leurs disciples comme l'autoroute vers le désastre, la dette d'un pays est, au premier chef, un outil d'asservissement des États et des peuples. Dès 1972, devant l'Assemblée nationale, Michel Rocard mettait en cause « la logique d'une soumission croissante de l'intérêt général aux perspectives des groupes financiers dominants ».

La dette est un actif stratégique aux mains de ses détenteurs. Le poids de celle-ci dans notre pays comme dans tous les autres États a ouvert un débat que la pandémie et le financement des plans de soutien et de relance exacerbe. « Les mots déficit et dette, écrit en 2020 l'économiste américaine Stephanie Kelton, deviennent une manière de faire peur aux gens[1]. » Écho contemporain à ce qu'affirmait déjà John Adams, président des États-Unis à l'aube du XIXe siècle : « Il y a deux manières de conquérir et d'asservir une nation : l'une par les armes, l'autre par la dette. »

Pour financer son programme de soutien aux entreprises et aux victimes économiques directes de la pandémie, l'État a exclu d'emblée toute augmentation des impôts sur les plus hauts revenus et les patrimoines les plus élevés. Pas de tentation, non plus, d'aller chercher les dizaines de milliards d'euros confinés au chaud dans les paradis fiscaux ! C'est le choix de la dette qui a été fait. Ainsi, l'addition s'est alourdie de quelque 250 milliards, à l'heure où nous rédigeons ces lignes. Ils viennent s'ajouter dans les comptes de la maison France aux 2 700 milliards dus au 31 décembre 2020 !

Du « quoi qu'il en coûte » à la création d'une commission devant réfléchir à l'avenir des finances publiques, nos gouvernants ont déjà commencé à changer de posture. Comment donc va-t-on payer ce que vont nous réclamer nos créanciers de la planète finance ? Et surtout, qui va payer ?

---

1. *Le Mythe du déficit*, Stephanie Kelton, Les liens qui libèrent, 2021.

Le débat est ouvert. Les recettes classiques du libéralisme sont connues : l'austérité généralisée, les coupes drastiques dans les dépenses publiques. Nous refusons cette option.

Nombre d'économistes et de responsables politiques dont nous sommes avancent l'idée d'une annulation pure et simple de la dette publique détenue par la Banque centrale européenne. Les traités européens interdisent à la BCE de financer directement les États membres. Cette disposition mérite débat et nous sommes partisans de donner aux banques centrales la capacité de financer les États.

Aujourd'hui, la BCE détient un portefeuille de 3 800 milliards d'euros sur les 6 800 milliards de son bilan. Cela est le résultat de sa décision de racheter des titres de dettes publiques sur le marché secondaire afin de soutenir les économies de la zone euro dans cette période exceptionnelle de crise. On a qualifié cette politique « d'assouplissement quantitatif » ou encore de « mesures non conventionnelles », ou même de « politique accommodante », autant de belles formules qui montrent que des décisions hors cadre, sans modifier les traités européens, peuvent être prises. Au fond, la BCE s'est affranchie de ses propres règles. **L'annulation de sa part de dette publique relève d'un choix politique.**

Gaël Giraud, économiste, directeur de recherches au CNRS, préconise, avec 150 économistes[2], d'annuler 25 % des dettes publiques détenues par la BCE pour éviter le retour de politiques d'austérité qui pourraient tuer dans l'œuf la reprise. « Si nous nous enfermons dans l'orthodoxie budgétaire, nous plongerons dans un scénario à la japonaise, la déflation. Il n'y aura plus de croissance, la dette privée explosera puis la dette publique, le chômage aussi et le désespoir[3]. »

La proposition d'annulation provoque une surtension neuronale chez les tenants du libéralisme. Leurs ténors se mobilisent, le gouverneur de la Banque de France, le ministre de l'Économie, des Finances et de la Relance, le président de la commission Dette Covid, le rapporteur général de la commission des Finances du Sénat, entre autres, tiennent le même langage : « Fantaisiste, irresponsable, dangereux, impossible… » Tous veulent imposer leurs vieilles formules ! À tous, nous retournons un « non » serein. **Le débat sur la dette publique doit être mené hors du cadre strictement comptable et arithmétique.**

Nous voulons déconstruire l'argumentaire anxiogène développé à satiété à propos de la dette publique. La France se finance auprès des marchés, c'est-à-dire auprès des financiers privés. En 2021, notre pays devrait réemprunter

2. *Le Monde*, tribune du 5 février 2021.
3. Revue *Projet*, 8 mars 2021.

260 milliards d'euros à moyen et long terme. Nous vivons dans l'ère du crédit permanent. La France est pour ainsi dire cliente attitrée chez Cofidis ou Cetelem, avec des échéances régulières ! À ces créanciers, chaque année, la France verse entre 35 et 40 milliards d'euros au titre des seuls intérêts[4]. Les marchés ne s'inquiètent pas de la situation. La seule crainte pour un créancier, c'est le défaut, c'est-à-dire le non-remboursement des échéances. Chaque année, l'État produit la richesse nécessaire au paiement des intérêts, quoi qu'il en coûte à ses salariés, retraités et entreprises ! La dette est une valeur refuge pour les créanciers. En témoigne l'engouement des investisseurs des marchés pour l'obligation à cinquante ans émise en janvier 2021. Le montant des offres a dépassé de dix fois les 7 milliards proposés au taux de 0,593 %, le tiers de celui proposé voici cinq ans ! Pour le patron de l'Agence France Trésor, Anthony Requin, les obligations représentent la sécurité, un véritable coffre-fort pour les investisseurs.

Pourquoi rapporter l'endettement d'un pays à son PIB annuel ? Dire aujourd'hui que le taux d'endettement de la France approche les 120 % du PIB n'a que peu de sens. Notons d'ailleurs que fin 2019 il approchait les 100 % et qu'à l'époque tous les ministres nous promettaient déjà l'apocalypse…

---

4. À remarquer qu'aujourd'hui la charge des intérêts ne représente que 1,4 % du PIB, alors qu'il y a vingt ans, quand le stock de dette équivalait à 60 % du PIB, les intérêts, eux, en représentaient 3 %.

Appliquons le raisonnement à un ménage. Avec un revenu annuel de 50 000 euros, il contracte un emprunt de 200 000 euros pour financer son logement sur vingt ans. Son taux d'endettement serait, selon ce mode de calcul, de 400 % ! Or la logique voudrait que cette somme de 200 000 euros soit rapportée aux revenus des vingt années à venir.

En aucun cas la dette d'un État ne peut être assimilée à la dette d'un ménage. Pourrait-on imaginer un ménage à découvert depuis quarante-six ans bénéficiant d'un prêt auprès de sa banque, à taux négatif de surcroît ? L'État est le meilleur débiteur possible, car il est quasi immortel ! Un ménage peut être touché par la maladie, la perte d'emploi, la séparation, et son espérance de vie est limitée.

Un autre discours anxiogène et culpabilisateur servi quotidiennement doit aussi être dénoncé, quand on nous explique que notre génération laisse un fardeau insupportable aux générations futures. La durée moyenne de la dette publique française à moyen ou long terme est de huit ans, celle de plus de vingt ans en représente moins de 10 %. La dette, c'est nous qui la remboursons. Enfin, ces générations à venir bénéficieront également des actifs : système éducatif, système de soins, services publics notamment. Le discours binaire ressassé, « Gloire aux créditeurs, honte aux débiteurs ! », n'a pas de fondement, ni moral ni mathématique.

Les deux mains de la BCE

Avec les effets de la pandémie et les besoins de financements des États, la Banque centrale européenne se trouve détenir le quart des titres de dette des pays européens. Elle n'est pas comparable à une banque commerciale ; elle n'est pas une entreprise. Comme banque centrale, elle dispose du pouvoir extraordinaire de créer de la monnaie, des euros *ex nihilo*. Une banque centrale n'a pas à craindre de réaliser des pertes. **L'annulation des dettes détenues par la BCE ne léserait donc aucun créancier. Ce ne serait qu'un jeu d'écriture entre ses mains droite, créancière, et gauche, débitrice. Une telle décision est donc possible juridiquement et nécessaire économiquement.**

Ceux qui nous expliquent qu'une telle annulation serait impossible devraient se remémorer les exemples analogues fameux dans l'histoire. Ainsi celui de l'Allemagne[5], quand elle bénéficia d'une annulation de 60 % de sa dette, le 23 février 1953, lors d'une conférence spéciale de ses créanciers à Londres ! Ce coup de pouce, vital et légitime pour un pays exsangue, lui permit son spectaculaire redressement.

---

5. Dans la langue de Goethe, les mots « dette » et « faute » ont la même traduction : *die Schuld*. Et dans la plupart des langues indo-européennes, les mots désignant la dette sont synonymes de ceux se référant à « péché » ou « culpabilité ». Rien d'étonnant au rapprochement qui, chez nous, inspire tout le discours de culpabilisation des générations actuelles coupables d'endetter, scandaleusement, leurs petits-enfants. La dimension morale profonde, quasi religieuse, n'est pas absente !

Ces solutions autres que l'austérité, celle d'aujourd'hui, celles de demain que la finance nous imposera, relèvent de décisions politiques fortes. La volonté politique de lutter enfin avec détermination et efficacité contre le pouvoir intrusif des marchés financiers en relève directement. Est-il possible de mener cette lutte ? Nous sommes convaincus de la réponse positive. Notre pays a besoin d'une détermination sans faille, d'une imagination renouvelée associée à la ténacité dans ce combat.

La dette privée, cachée

Il est une autre dette dont on parle trop peu, la dette privée. En 2020, un groupe privé de réflexion associant des experts internationaux, anciens banquiers centraux, dirigeants de banques privées et des économistes libéraux alertait sur la détresse des entreprises. Mario Draghi y déclarait : « Les décideurs politiques doivent agir de toute urgence… nous sommes au bord du gouffre des faillites, en particulier des petites et moyennes entreprises. »

Écho national de cette analyse, la Banque de France s'inquiète[6] aussi de la montée vertigineuse de l'endettement des entreprises, mesuré à plus de 175 milliards d'euros entre

6. Son rapport du 7 janvier 2021.

mars et septembre 2020, et des risques que cela fait peser sur la stabilité du système bancaire et financier.

Et notre ministre de l'Économie, Bruno Le Maire, de s'en préoccuper[7] : « Nous allons aider les entreprises à passer le mur de la dette, travailler à des dispositifs d'accompagnement… On ne va pas attendre que l'entreprise se prenne le mur. On va regarder la situation, voir s'il faut étaler sa dette, voire annuler sa dette en partie. » Oui, Bercy évoque une annulation ! Une perspective à rapprocher des propos de Benoît Cœuré, président du Comité de suivi des mesures de soutien financier aux entreprises, sur les prêts garantis par l'État (PGE), 135 milliards accordés depuis le début de la pandémie, disant tranquillement : « L'essentiel des PGE a servi à reconstituer la trésorerie des entreprises. »

Stupeur et incompréhension ! Double langage. Si la dette privée des entreprises était annulée, elle se retrouverait mécaniquement incorporée dans la dette publique de l'État, garant en dernier ressort de ces contrats de prêts…

Annuler la dette de l'État détenue par la BCE, ce serait folie ! Mais annuler celle des entreprises, pourquoi pas ? Étonnant raisonnement s'agissant d'argent public. Entre 2008 et 2018, la dette des entreprises a atteint le chiffre de 1 435 milliards, seuls 124 milliards ont servi aux investissements, soit moins de 10 % !

7. BFM TV, le 14 avril 2021.

À quoi ces fonds ont-ils servi ? À des opérations de fusions-acquisitions, au versement de dividendes ou encore à soutenir le cours des entreprises rachetées et restructurées : telles sont les pratiques d'une économie financiarisée ! Insupportable.

Le mur de la dette privée représente l'un des risques économiques majeurs des toutes prochaines années. Au printemps 2020, 18 syndicats et associations environnementales se sont unis pour lancer un appel intitulé « Plus jamais ça, construisons le jour d'après ! ».

C'est dans cet esprit que doit être saisie l'opportunité de la sortie de crise pour remettre à plat des choix économiques, en France comme dans le monde. Ainsi, il est nécessaire de conditionner les aides publiques en faveur des entreprises à l'arrêt des plans sociaux, à la mise en œuvre de contreparties sociales et environnementales, au non-versement de dividendes. Ces mesures doivent être prises en toute transparence, avec la participation et le contrôle des représentants des salariés.

PISTE N° 9

Pour changer la finance, d'abord changer son enseignement

« Il est une chance que le peuple de cette nation ne comprenne rien à notre système bancaire et monétaire car si tel était le cas, je crois qu'il y aurait une révolution avant demain matin. »

Henry Ford[1]

C'était en novembre 2008, la reine d'Angleterre Elizabeth II inaugurait un nouveau département au sein de la prestigieuse London School of Economics, une université britannique spécialisée dans l'enseignement de la finance internationale. Le monde était plongé dans les immédiates conséquences de la crise financière de 2007-2008.

Après avoir écouté l'exposé du professeur Luis Garicano, économiste espagnol et chercheur à la LSE, sur la crise du crédit, la souveraine, qui détient une part importante

1. Fondateur de l'entreprise de construction automobile éponyme, 1863-1947.

de son patrimoine sous forme de placements financiers, lui a demandé benoîtement : « Si cette crise était prévisible, comment se fait-il que personne n'ait rien dit ? » L'universitaire a répondu, en substance, que « chaque élément du système financier comptait sur la fiabilité du voisin ». « C'est horrible ! » a juste commenté la reine, manifestement interloquée.

Quelque temps plus tard, en écho à cette interpellation, la directrice de cabinet du secrétaire général de l'OCDE, Gabriela Ramos, eut ces propos : « La crise a frappé à cause de thèses, modèles et politiques économiques très ancrés dans les mentalités », dans les mentalités et… les formations dispensées depuis plusieurs décennies aux jeunes. En effet, changer les logiques financières impose également de changer le logiciel des enseignements dispensés dans nos écoles et universités. Cette approche est défendue par Michel-Henry Bouchet, qui enseigne la finance à la Skema Business School : « C'est dans les programmes des universités et des grandes écoles de commerce » qu'il faut chercher l'une des clefs de la crise de 2008, explique-t-il, stigmatisant le poids de la modélisation mathématique, trop importante, et la minimisation de l'apprentissage des risques. « Ces modèles étaient hors sol comme une fuite en avant dans la technicité », dit-il, mettant en avant le besoin « d'un enseignement indissociable des enjeux de la globalisation des marchés, de l'histoire des crises et des bulles financières, des principes de philosophie politique ».

Les conséquences de l'offensive de la pensée néolibérale, particulièrement intense depuis les années 1980, sont ainsi cernées. Celle-ci se mène, *de facto*, dans les milieux académiques où tout est fait pour museler ou réduire le débat. Il s'agit de présenter la science économique comme une science dure, imposant les concepts du libéralisme comme des lois naturelles, immuables et donc indiscutables.

Or l'économie n'est pas une science exacte. Elle ne peut pas l'être. Elle est une science sociale tournée vers l'organisation de la société, une science humaine qui dépend aussi du comportement des hommes et des femmes qui la composent.

Aucune leçon n'a été tirée de la crise de 2008. Le silence est total chez les gestionnaires de la finance. Pourtant, nombreux sont les analystes qui ont pointé la cupidité, les prises de risques considérables, l'égoïsme irresponsable des requins de la finance. L'ensemble du système financier, ses fondements théoriques et sa vision du monde sont remis en cause. Et Joseph Stiglitz, prix Nobel d'économie, de commenter : « Sur les marchés financiers d'aujourd'hui, pratiquement tout le monde clame son innocence. Tous n'ont fait que leur travail. Et c'est exact. Mais leur travail consistait souvent à exploiter les autres ou à vivre des gains de cette exploitation.

Il y avait de l'individualisme mais aucune responsabilité individuelle[2]. »

Les leaders de la finance attachent la plus grande importance aux objectifs de court terme, alors que se montrer « socialement responsable » constitue, à leurs yeux, une priorité bien moindre. Les formations en finance varient entre, d'une part, les écoles d'ingénieurs qui forment les mathématiciens et les informaticiens de la finance, et d'autre part les écoles qui forment les financiers gestionnaires.

Ces formations apportent aux étudiants un enseignement de haut niveau dans le domaine des mathématiques financières. Les cours théoriques s'appuient notamment sur les thèmes du calcul aléatoire, de la modélisation mathématique des marchés financiers, des méthodes numériques déterministes et de la probabilité en finances… La palette d'outils est absolument effrayante : elle s'apparente à la loi des tables de jeux au casino ! Dans ce cadre, nous pourrions citer la pratique du « trading haute fréquence ». Ces échanges, calés sur des algorithmes, représentent 75 % des transactions mondiales.

Les cursus en finance les plus appréciés par les étudiants, naturellement à l'écoute des attentes des employeurs, se concentrent sur les approches mathématiques et techniques de la finance. Ils négligent le plus souvent les questions

2. *Le Triomphe de la cupidité*, Les Liens qui libèrent, 2010.

de l'éthique et de l'impact des pratiques de la finance sur la société[3]. Ainsi ces deux exemples antonymes : celui du trader Jérôme Kerviel, dont on formata l'esprit en mode commando avec le mot d'ordre « faire du fric », et celui de Gaël Giraud, chercheur, spécialiste des mathématiques financières, qui préféra refuser un poste de trader à New York pour devenir jésuite !

La primauté de la technique dans la formation est une entrave majeure à l'émergence du sentiment de responsabilité. Les jeunes en formation appréhendent la technique comme de simples outils, forts de la neutralité symbolisée par de « simples » formules algébriques. C'est un manque que l'évidence de l'expérience met en lumière. La finance mathématique ne se contente pas de représenter le fonctionnement de la sphère financière, elle la modèle, la façonne. Ainsi, comment s'étonner que les institutions financières, les banques par exemple, se soient éloignées de leurs fonctions premières qui sont de financer l'économie réelle, préférant user de tous les leviers de la spéculation ?

Voilà la logique qui est « propagée » dans les enseignements de l'orthodoxie financière libérale. Il vaut mieux,

3. Certains cursus intègrent des approches de l'éthique des affaires, ainsi dans cette école de commerce près de Lille, l'EDHEC, où l'enseignement du management des risques criminels est destiné à donner aux futurs cadres dirigeants la capacité « d'étanchéifier l'économie légale, seule façon de lutter contre l'économie criminelle », selon les propos de Bertrand Monnet, professeur. Voir piste n° 4 sur le blanchiment.

pour y être enseignant, être « convaincu » de l'efficacité des marchés. Sur les 209 professeurs d'économie recrutés dans les universités entre 2000 et 2011, seuls 22 sont classés comme hétérodoxes. Et sur la période 2005-2011, on n'en compte que 6, tous courants confondus, sur un total de 120, comptabilise l'Association française d'économie politique.

L'intégrisme économique en vogue crie : « Vive la concurrence… mais pas celle des idées ! » **Le pluralisme doit être le symbole même des formations universitaires. Il convient de réintroduire ce qui fait la richesse et la portée universelle de l'enseignement, la diversité des approches et des analyses.**

PISTE N° 10

Mobilisation citoyenne : agir local, penser mondial

« Il existe une chose plus puissante que toutes les armées du monde, c'est une idée dont l'heure est venue. »

Victor Hugo

L'argent des banques, c'est notre argent ! Tous les Français, plus de 99 %, détiennent un compte bancaire.

Ainsi, nous sommes clients des banques, mais souvent peu, ou mal, considérés. Il est loin, l'adage « le client est roi ». Souvent, nous nous sentons asservis par leurs diktats. Quand il s'agit de négocier un emprunt, de demander à réduire certains frais… Les banques jouent de cette relation d'asservissement entre celui qui détient le pouvoir comme les avoirs et celui qui sollicite.

Pourtant, tous, nous disposons de la capacité de questionnement : « Ma banque, ma chère banque, que faites-vous de l'argent que je vous confie, n'ayant pas d'autre choix que d'être votre client ? Que faites-vous de mon salaire, de mes indemnités, des économies de mes livrets, de mon assurance vie ? Où placez-vous mon argent ? Que finance-t-il ? Que rapporte-t-il ? À vous ? À moi ? »

Pour les clients des banques, il est toujours possible de poser les questions « qui fâchent », de s'interroger sur le devenir de l'argent déposé, sur les politiques des banques. Travaillent-elles dans les paradis fiscaux ? Y ont-elles des relations d'affaires ? Sont-elles présentes dans ces sociétés d'investissement qui exigent des taux de rendement à deux chiffres ?

Ces questionnements sont d'autant plus fondés qu'il y a urgence à donner aux citoyens/clients des banques, comme des compagnies d'assurances, voix au chapitre. Ils doivent peser sur les choix stratégiques de ces établissements. Voilà une exigence simple, moderne, démocratique, salutaire pour éviter l'effondrement de notre société.

Questionnement impératif : 35 % des échanges des cinq grandes banques françaises[1] sont réalisés dans des paradis fiscaux ! C'est le droit de chaque client de ne pas être mêlé à son insu au système de l'évitement fiscal, voire de la fraude !

1. BNP Paribas, Société générale, Groupe Crédit agricole, Groupe BPCE, Groupe Crédit mutuel.

Depuis novembre 2015 et la résolution de la COP 21, dédiée à la limitation du réchauffement climatique, à Paris, les banques françaises, malgré leurs promesses de s'engager, elles aussi, pour la sauvegarde de la planète, ne se sont pas vraiment illustrées comme des modèles. BNP Paribas, le Crédit agricole, la Société générale et Natixis ont mis sur la table des investisseurs 124 milliards d'euros pour financer des projets d'exploitation des énergies fossiles, dont 10 milliards pour de nouvelles centrales à charbon ! Bonjour le CO_2 et tous les gaz à effet de serre ! Voici que les clients de ces banques se retrouvent, en toute ignorance, complices de délits d'écocide !

Ces situations témoignent de la nécessité absolue que les clients des banques comme ceux des assurances puissent avoir droit de siéger dans les instances de décision, non pas pour y faire de la figuration, mais pour peser dans les choix. **Un conseil de surveillance ayant un droit de regard, de l'agence locale jusqu'aux instances dirigeantes, devrait être mis en place rapidement par la loi.**

Le citoyen mobilisé

S'interroger et interroger, c'est déjà s'engager. Et à chacun, selon ses capacités, ses compétences, de se mobiliser. À tous les citoyens d'user de la force qu'ils représentent. Et de faire savoir dans quel monde ils veulent vivre.

À la vérité, la course au profit se traduit, chacun peut en être témoin, par la destruction rampante de l'économie réelle, et plus particulièrement de notre industrie. On le mesure avec la floraison des LBO[2], près de 1 900 annoncés en France ces dix dernières années. Ces dispositifs s'alimentent de fonds issus largement de paradis fiscaux. Ils vampirisent les entreprises en les achetant par endettement avec des conséquences sociales et économiques brutales.

La rentabilité financière à court terme est le Graal de notre époque, une quasi-marque de fabrique. Prenons l'exemple de la fonderie d'aluminium de Dunkerque créée par Pechiney en 1991, victime d'une OPA du canadien Alcan en 2003, rachetée en 2007 par Rio Tinto et aujourd'hui détenue par le groupe GFG Liberty, du propriétaire Sanjeev Gupta, magnat de l'acier anglo-indien.

Aujourd'hui, la fonderie et ses 630 salariés, malgré un résultat bénéficiaire de 15 millions, est sur la balance. Sous les lingots d'aluminium s'est glissé un montage financier périlleux, un écheveau de sept sociétés-écrans et sociétés tuyaux emboîtées telles des poupées russes, de Dunkerque à Luxembourg en passant par Singapour, les Pays-Bas et Dubaï. L'avenir de l'aluminium dunkerquois

2. LBO ou *leverage buy-out* : système permettant le rachat d'une entreprise par une société holding qui finance majoritairement l'acquisition par un emprunt remboursé par l'entreprise cible.

se joue, autour d'une exotique combine, dans des paradis fiscaux.

Il n'est pas possible, comme c'est le cas, de laisser libre cours à ce genre de prédateur financier. Nous ne pouvons accepter d'abandonner notre industrie à ces spéculateurs ; même si ce sulfureux Sanjeev Gupta s'est vu dérouler le tapis rouge à Versailles lors du sommet « Choose France » organisé par Emmanuel Macron en janvier 2019.

En face, les salariés, qui alertent sur les risques industriels et humains induits par de telles manœuvres, ne sont pas écoutés. Sur ce terrain, il y a urgence à faire pression, à mener la lutte pour la transparence financière et la maîtrise des orientations des entreprises. Nos « vieux » pays viennent de comprendre à quel point il était nécessaire de réindustrialiser leurs territoires. Dans notre région, héritière du charbon, de l'acier, du textile, l'importance d'un tel changement de cap est perçue avec une forte acuité. Oui, il est urgent et nécessaire de protéger les entreprises des fonds prédateurs.

L'enjeu est de créer un droit de refus, d'alerte et de proposition pour faire primer l'éthique professionnelle. Les instances représentatives des personnels devraient pouvoir participer et construire les stratégies de long terme. **En premier lieu, il s'agit de permettre aux comités d'entreprise de disposer de droits d'information renforcés et de moyens supplémentaires pour connaître la situation**

de la chaîne de production à laquelle ils sont intégrés, du groupe donneur d'ordre aux filiales et sous-traitants. Mieux, il s'agit de donner aux salariés un accès au contrôle de la gestion de leurs entreprises et de faciliter ainsi, par des droits nouveaux, leur capacité d'alerte pour mobiliser l'administration fiscale en vue d'interventions préventives ou curatives.

On mesure tout le rôle actif que peuvent avoir les militants syndicaux, les élus du personnel, les citoyens dans ce combat, travail de longue haleine pour une finance éthique et utile pour le développement économique.

L'œil sur les marchés publics

Autre domaine où l'intervention citoyenne est importante : accorder une attention scrupuleuse aux contenus des cahiers des charges des marchés publics. C'est la mission des élus et des fonctionnaires des collectivités territoriales (communes, départements, régions), de l'État et des autres institutions publiques.

Tous gèrent l'argent des contribuables et sont chargés de la commande publique. Ils se trouvent donc confrontés à des financements, des emprunts, des choix de fournisseurs. Cela représente au niveau national un brassage énorme de finances (au moins 50 milliards d'euros d'investissements pour les régions, départements et communes). Il est donc décisif d'établir la traçabilité des capitaux proposés par un établissement de prêt, comme d'ailleurs la rigueur fiscale des entreprises retenues. Parfois, leurs offres de prix peuvent être anormalement basses, parce que l'entreprise ou ses filiales opèrent depuis une place offshore !

Pourquoi ne pas prendre l'initiative, pour un élu qui en a la responsabilité, d'ajouter aux clauses d'insertion sociale ou environnementale, désormais inscrites dans les cahiers des charges, une nouvelle clause de traçabilité, de moralité et de sécurité des fonds proposés ? Si cette exigence et ce combat étaient menés par tous les élus et tous les acteurs de la commande publique, une résistance forte à la triche fiscale pourrait faire reculer ce fléau. **Pour assurer une parfaite efficacité, cela suppose, évidemment, une modification du Code de la commande publique.** Elle préciserait clairement qu'aucun contrat ne peut être exécuté avec une société ou ses actionnaires dont les activités ou capitaux seraient liés à des opérations de blanchiment ou de fraude fiscale. Les textes sont silencieux sur cet aspect de la traçabilité des capitaux. Le gouvernement s'honorerait d'en décider.

Comme on le voit, l'action citoyenne est multiforme. D'autres exemples et d'autres thèmes pourraient être abordés. Ce sont des initiatives citoyennes qui se sont révélées concluantes, nous pensons au boycott des cafés Starbucks en France et en Grande-Bretagne pour les soumettre à la critique publique et… les contraindre à payer les impôts dus. À Londres, le mouvement a poussé la multinationale, soucieuse de préserver une réputation écornée, à céder et à régler la note.

En Italie, la confiscation des biens mafieux mal acquis s'est révélée une expérience pleine d'enseignements. À son origine figure la création de nombreuses associations de lutte contre la criminalité organisée. Cette mobilisation citoyenne couplée à celles de la police, des magistrats, des responsables d'institutions locales a dans un premier temps débouché, en 1996, sur l'adoption d'une loi permettant une utilisation à des fins sociales des biens confisqués. Depuis vingt-cinq ans, ces actions conjointes et déterminées ont permis de libérer des territoires entiers du joug mafieux. Plus de 1 000 communes ont ainsi repris des biens de la mafia pour les transformer en locaux publics sociaux, sportifs, culturels ou autres. Ce sont entre 1 500 et 2 500 biens récupérés chaque année qui ont permis de redistribuer environ 2 milliards d'euros pour l'intérêt général. Frapper au portefeuille la mafia pour l'affaiblir, l'initiative est fructueuse. L'expérience pourrait utilement inspirer la France !

Une autre expérience concluante de l'efficacité d'un mouvement populaire, clairvoyant et déterminé, est celle de l'Islande : un sursaut sans état d'âme des 350 000 habitants de cette île septentrionale. Au lendemain de l'effondrement bancaire de 2008, le peuple islandais a refusé de supporter la dette et la faillite des banques. Des manifestations quotidiennes devant le Parlement ont mené à un référendum. Victoire à la clef : 93 % des électeurs ont voté pour la démission du gouvernement et pour la nationalisation des trois principales banques. C'est tout un peuple qui a refusé le diktat financier. Cette révolution citoyenne démocratique sur cette question de la finance démontre que le mouvement est possible… et porteur de succès.

Citoyens du monde, unissons-nous pour que la finance soit un bien commun, une garantie de préservation de l'intérêt général. Cultivons ce clair mot d'ordre : « La finance aux citoyens ! »

CONCLUSION
Engagez-vous !

Révolution nécessaire ! Citoyenne et mondiale…

La pandémie nous a menés à la croisée des chemins. Le séisme sanitaire, brouillant équilibres et certitudes, a modifié le paysage et offert une opportunité historique, la voie d'un rééquilibrage de nos sociétés. La mondialisation libérale est remise en question, condamnée. Une mondialisation heureuse, celle d'une solidarité planétaire, s'impose comme l'évidence du seul chemin du progrès et de la paix.

La pandémie a permis d'identifier avec une acuité partagée les enjeux de notre siècle et de définir ce qui doit fonder l'organisation financière. L'évasion fiscale s'apparente à la face émergée de l'iceberg. Le monstre froid de la finance est, dans ses tréfonds, à l'origine de la guerre faite à la nature, à notre environnement, à l'origine de toutes les injustices et de tous les conflits, sociaux ou guerriers, qui gangrènent ce monde. C'est l'adversaire.

En livrant le combat contre les dérives du fric omnipotent, c'est la mère des batailles que l'homme engage. En contrôlant les filières spéculatives de la finance, c'est la dérive du climat qu'il combat, c'est le développement des peuples et la paix qu'il permet.

Nous croyons en la politique car nous croyons en l'homme. Nous croyons dans la force des convictions, dans la force de la parole partagée, du débat.

La mobilisation citoyenne qui se développe en est l'illustration. Il s'agit de convaincre par l'information, par le partage de la connaissance, l'exposé des convictions. C'est ce qui nous motive avec ce modeste ouvrage aujourd'hui comme avec notre *Sans domicile fisc.*

Nous n'avons pas le projet d'inculquer un quelconque catéchisme, même si l'on prétend que la foi peut soulever des montagnes. Non, nous sommes engagés dans une quête de savoirs, semée de doutes et de confrontations, toujours pacifiques. Nous sommes militants et nous sommes persuadés que cette voie est celle du progrès, la seule. Ainsi, dans nos travaux parlementaires comme dans nos écrits, nos débats, nous avons toujours cherché à apporter un maximum de points de vue, de repères. Décrypter les mécanismes en action et persuader chacun qu'il dispose d'un moyen d'agir, de peser, qu'il est un relais. Par sa voix, par sa vie, par son vote.

À chacun de se convaincre, d'établir sa propre feuille de route. À chacun de définir les formes de sa propre mobilisation. Nous croyons à la politique, à la mobilisation citoyenne : c'est la condition de tout mouvement, de toute évolution, de toute révolution.

Aux citoyens de prendre la parole, de s'exprimer, d'agir, de convaincre. Chacun peut, à son niveau et selon son expérience et sa sensibilité, prendre appui sur ces modèles que sont les lanceurs d'alerte. Et, première forme de reconnaissance, à chaque citoyen de s'informer, d'appuyer leurs démarches, de les faire connaître.

Ils sont exemplaires, ces lanceurs d'alerte, vigiles civiques, phares d'une mobilisation citoyenne. Ils refusent et bousculent l'ordre établi en exhumant des informations masquées ou secrètes. En voici quelques-uns – sur une liste qui compte des centaines de noms – ayant dévoilé des fonctionnements hors déontologie et règles dans les sphères financières, bancaires ou de la santé :

— Denis Robert, qui révéla les pratiques frauduleuses de la plateforme de compensation bancaire Clearstream ;

— Antoine Deltour, qui détailla l'usage des rescrits fiscaux luxembourgeois au bénéfice des multinationales ;

— Nicolas Forissier, qui dévoila le système mis en place par UBS de démarchage illicite de la banque à des fins d'évasion fiscale ;

— Stéphanie Gibaud, qui mit en avant le système dévoyé de marketing de la même banque en France ;

— Ida de Chavagnac, qui dénonça le non-respect de la déontologie au sein du Crédit agricole ;

— Irène Frachon, pneumologue à Brest, qui mena combat pendant plus de dix ans pour faire reconnaître la dangerosité mortelle du Mediator, molécule qui alimenta la fortune du laboratoire Servier pendant trente ans.

Ils ne sont pas seuls, ces hommes, ces femmes, lanceurs d'alerte, militants d'associations, d'ONG, journalistes, qui ont contribué au cours des vingt dernières années à faire bouger les lignes. Tous ont mis le doigt sur les plaies qui rongent notre monde et ont mobilisé des millions de citoyens. En informant sur les pratiques mortifères de grandes entreprises, de cabinets conseils/complices, d'États parasites, ces lanceurs d'alerte ont ouvert des brèches. Ils doivent être salués, encouragés et remerciés.

Mal, peu ou pas reconnus par la République pour leurs contributions à la justice fiscale, ceux-ci inspirent le respect et la reconnaissance. Ces hommes et ces femmes, en solo ou en association, démontrent ce que la conviction peut faire naître. Ceux-ci sont des résistants, décidés à se lever, parfois à braver la loi, à agir pour le bien commun. **Un statut protecteur doit leur être assuré par la loi.**

Dans le même esprit, les législations protectrices du sacro-saint secret des affaires doivent être revues afin de prendre en compte l'intérêt général. Les textes actuels, dénoncés par de nombreuses ONG comme Anticor, pourraient empêcher la mise au jour de scandales financiers de détournement dans les paradis fiscaux ou encore d'escroqueries pharmaceutiques.

Se mobiliser !

Chacun dispose d'une parole, celle qu'on exprime lors des votes mais aussi celle qu'on peut élever, faire porter, là où la vie et les engagements vous tiennent. Comme Stéphane Hessel avait encouragé « l'esprit de résistance » et appelé nos concitoyens à prendre leur destin en main avec son « Indignez-vous ! », nous proposons un « Engagez-vous ! ».

C'est le mouvement, celui des citoyens qui se lèvent, prennent – ou reprennent – la parole, qui est la condition du changement, la voie à suivre. C'est de notre responsabilité personnelle et de notre volonté que dépendent les changements.

Si notre manifeste sert à poser quelques jalons sur le chemin, il sera comme un pas dans la bonne direction vers un monde plus juste, plus humain, où l'individu n'est pas un simple client consommateur asservi mais un citoyen acteur de notre destin.

Espace « L'humain d'abord »,
à Saint-Amand-les-Eaux, le 14 juillet 2021

ANNEXES

COURRIER ADRESSÉ AU NOUVEAU PRÉSIDENT DE LA RÉPUBLIQUE LE 14 MAI 2017

ASSEMBLÉE NATIONALE

SÉNAT

RÉPUBLIQUE FRANÇAISE
LIBERTÉ ÉGALITÉ FRATERNITÉ

Monsieur Emmanuel MACRON
Président de la République
Palais de l'Elysée
75000 PARIS

Dimanche 14 mai 2017

Monsieur le Président de la République,

Au moment où vous accédez aux plus hautes fonctions de notre République, nous vous adressons ce courrier pour attirer votre attention sur un sujet capital pour l'avenir de notre démocratie et de notre peuple.

Il y a en effet une priorité un peu trop passée sous silence dans les débats de la récente campagne présidentielle, qui mérite un engagement résolu de la France.

S'il est essentiel de moraliser la vie politique, il n'est pas moins indispensable de moraliser la vie de la finance. Car les systèmes sophistiqués d'évitement fiscal et de fraude se développent de plus belle à l'heure où s'aggravent le dumping fiscal et les dérégulations bancaires.

Ce sont entre 60 et 80 milliards qui font défaut chaque année au budget de la France, l'équivalent du déficit annuel ! 1000 milliards manquent aux Etats de l'Union Européenne, soit quatre fois le budget de cette dernière. Un quart des bénéfices des vingt plus grandes banques européennes, soit 25 milliards d'euros est caché dans les paradis fiscaux comme 8 % du PIB mondial (5800 milliards de dollars) qui y sont logés !

Les scandales se suivent et se ressemblent de « Luxleaks » aux « Panama papers » en passant par les « Footleaks » sans compter la progression inquiétante du blanchiment de l'argent mafieux.

Cette situation est devenue intolérable en même temps que source de crise financière internationale. Il est grand temps d'y mettre un terme au-delà des belles paroles ! *« HIC RHODUS, HIC SALTA »*, vous le savez, tiré d'une fable d'ESOPE, ce proverbe signifie en substance : « *C'est le moment de montrer ce dont tu es capable !* »

L'Europe est gravement malade de l'incapacité de ses dirigeants à réaliser l'harmonisation fiscale et sociale, condition *sine qua non* d'une Union européenne viable et durable.

Au passage nous voulons dire notre indignation devant les récentes déclarations de Monsieur Jean-Claude Juncker, qui a osé affirmer *« Les Français dépensent trop d'argent et au mauvais endroit »*. Cette injonction outrecuidante du Président de la Commission européenne est insupportable de la part de quelqu'un qui a montré le mauvais exemple en faisant de son pays, le Luxembourg, -qui plus est membre fondateur de l'Europe !- un paradis fiscal.

Oui, il est grand temps d'agir avec détermination pour changer le cours des choses. Les inégalités s'aggravent. L'ONG OXFAM a révélé au début de cette année que les huit personnes les plus riches de la planète détiennent autant que la moitié la plus pauvre de la population mondiale. On le voit bien, cette situation est explosive et lourde de dangers, d'injustices et de gâchis pour l'humanité.

Dans notre livre « Sans Domicile Fisc », appuyé sur nos travaux parlementaires, nous avons avancé des pistes concrètes pour changer la donne. Dont la tenue d'une COP mondiale de la finance et de la fiscalité, à l'instar de ce qui s'est fait pour la lutte contre le réchauffement climatique.

Face à la surchauffe spéculative de la finance, de cet argent roi devenu argent fou, il est urgent de définir une stratégie globale pour une maîtrise démocratique de la finance et une gouvernance qui mette autour de la table, tous les Etats sans exception, les Parlements, les experts, les ONG, etc...

Cette idée d'une COP mondiale de la finance et de la fiscalité sous l'égide de l'ONU a eu un grand écho parmi tous ceux qui luttent depuis des années pour l'institution d'une finance éthique. Le Conseil Economique, Social et Environnemental a retenu cette proposition dans sa séance du 18 décembre dernier. L'Assemblée nationale l'a adoptée lors de sa séance du 2 février.

C'est donc une idée française à faire vivre et prospérer pour qu'elle devienne une force de la réalité.

Quelles initiatives comptez-vous prendre au nom de la France dans les instances européennes et celles des Nations Unies pour que cette idée soit retenue et mise en œuvre ?

Nous restons à votre disposition pour toute discussion et action sur ce sujet primordial selon nous.

Dans l'attente,

Veuillez croire, Monsieur le Président de la République, en l'expression de notre haute considération.

Alain BOCQUET
Député

Eric BOCQUET
Sénateur

COPIE IDENTIQUE ENVOYÉE À ALAIN ET ÉRIC BOCQUET

Le Directeur de Cabinet
du Président de la République

Monsieur Eric BOCQUET
Sénateur du Nord
Maire de Marquillies
Sénat
15 RUE DE VAUGIRARD
75006 PARIS

Paris, le 09 JUIN 2017

Monsieur le Sénateur-Maire,

Conjointement avec Monsieur Alain BOCQUET, député du Nord, maire de Saint-Amand-les-Eaux, vous avez fait part au Président de la République de vos réflexions relatives aux systèmes sophistiqués de fraude qui peuvent exister dans certains milieux financiers. Il m'a confié le soin de vous répondre et de vous remercier de votre démarche.

Comme vous le savez, la maîtrise de nos comptes publics est une priorité et le renforcement de la lutte contre toutes les formes de fraude, d'évasion ou d'évitement fiscal représente un enjeu majeur de justice et de souveraineté.

Aussi, à l'heure où les pouvoirs publics sont pleinement mobilisés pour favoriser la justice fiscale, renforcer le consentement de nos concitoyens à l'impôt et créer un climat de confiance propice à la cohésion sociale et au développement de notre économie et de nos territoires, soyez assuré qu'il a été pris connaissance des observations que vous avez souhaité soumettre au Chef de l'Etat.

Je vous prie d'agréer, Monsieur le Sénateur-Maire, l'expression de mes sentiments distingués.

Patrick STRZODA

Référence à rappeler
PDR/SCP/BEAR/A002972

Table des matières

DEUXIÈME PARTIE
S'engager pour une finance citoyenne

Remerciements

Nous remercions notre entourage familial et amical pour son aide et son soutien dans notre projet.

Nous remercions le professeur Éric Vernier, spécialiste des mécanismes du blanchiment, pour sa préface. Sa participation à notre ouvrage nous honore.

Nous remercions le cherche midi et ses équipes pour leur appui et leur écoute.

FSC
www.fsc.org
MIXTE
Papier issu de sources responsables
FSC® C003309

L'éditeur de cet ouvrage s'engage dans une démarche
de certification FSC® qui contribue à la préservation
des forêts pour les générations futures.

Pour en savoir plus :
www.editis.com/engagement-rse/

Achevé d'imprimer en août 2021
par Normandie Roto Impression s.a.s. à Lonrai
N° d’impression : 2104012

Imprimé en France